Collection Essais

Achille Rossi

LE MYTHE DU MARCHÉ

Traduit de l'italien
par Alain Martin

CLIMATS

Introduction

« La démocratie est l'art des personnes incompétentes de parler de ce qui les concerne. »

Les pages de ce livre ne trouveraient pas meilleure justification que ce mot d'esprit pour en synthétiser le sens. L'économie est aujourd'hui si technicisée, si complexe qu'elle décourage tous ceux qui ne sont pas familiers de cette discipline.

La technicité dénature la démocratie et invite à déléguer : les problèmes sont remis aux mains des experts qui sont les seuls à les comprendre et à essayer de les résoudre. Mais je voudrais affirmer avec force que l'économie nous concerne tout particulièrement parce que la vie et la mort de milliards de personnes dépendent de l'économie. Voici, à ce propos, une anecdote personnelle qui date de 1998. En septembre de cette année-là, je participais à Berlin à la session du tribunal pour les droits des peuples concernant la politique du FMI et de la Banque mondiale. Lors d'une interruption, tandis que nous préparions notre café, un vieux prélat mexicain, Mendez Arceo, évêque de Cuernacava s'est approché et nous avons commencé à bavarder. Il évoqua ses études à Rome et son séjour en Italie. Nous avons sympathisé, et à un moment je lui ai demandé à moitié sérieusement, à moitié en plaisantant : « Monseigneur, vous avez quatre-vingts ans, vous êtes évêque, qu'est ce que vous faites ici dans cette réunion où interviennent des économistes, des politiques, des juristes ? » Il répondit avec une expression devenue soudain sévère : « La dette extérieure c'est la vie et le sang de mon peuple ». Cette phrase m'a frappé, derrière les statistiques, les chiffres, et les discours savants, il y a la vie et le sang de milliards d'hommes.

Aujourd'hui, dans cette phase de la globalisation qui tend à accroître la disparité entre les différentes régions du monde et à concentrer richesse, technologie, et pouvoir dans les mains de minorités de plus en plus réduites, l'économie nous questionne avec une urgence dramatique. Pour l'organisation économique actuelle une masse infinie de la population de la planète est devenue superflue, les pauvres sont réduits au statut de marchandises et traités comme des déchets. Un phénomène devenu même invisible sous nos latitudes, où la culture dominante parvient à nous convaincre que la globalisation est un phénomène « inévitable » qu'il faut accepter comme on accepte l'enchaînement des saisons. Il est incroyable qu'une attitude semblable s'impose même chez ceux qu'inspire la tradition chrétienne. Ils devraient pourtant être vaccinés contre la dangereuse idolâtrie s'ils ont gardé en mémoire les grands textes bibliques, comme la page extraordinaire de l'Ecclésiastique qui, en 1514, illumina Bartolomé de las Casas et le contraignit à interrompre la célébration de l'eucharistie et sa vie d'*encomendero*[1]. Il est utile de la citer *in extenso* pour sa charge critique et prophétique.

> Il immole un fils sous les yeux de son père, celui qui offre un sacrifice pris sur le bien de pauvres. Le pain des malheureux est la vie des pauvres, celui qui les en prive est un meurtrier. Il donne la mort à son prochain, celui qui lui ôte sa nourriture. Il verse le sang celui qui prive de son salaire le travailleur.

Le philosophe latino-américain Enrique Dussel considère cette page comme la plus pertinente « description théologique non seulement de l'économie du temps, mais de toute l'économie moderne jusqu'à aujourd'hui ».

---

1. *N.d.T.* L'*encomendero* (conquistador responsable d'une *incomendia*) avait le droit de faire travailler, en échange de sa protection et de son évangélisation, les Indiens.

Le courant ethico-critique, développé avec vigueur par les prophètes d'Israël et par Jésus lui-même, prend ses racines dans une très ancienne culture comme en témoigne ce passage du *livre des morts de l'ancienne Égypte* qui remonte à cinq mille ans et présente une ressemblance impressionnante avec les textes de l'Évangile :

Je n'ai pas volé à un pauvre ses biens
Je ne l'ai pas affamé
Je n'ai pas ajouté un poids à la pesée de la balance
Je n'ai pas faussé la tare de la balance
Je n'ai pas détourné l'eau
Je n'ai pas volé avec violence
J'ai donné du pain à l'affamé, de l'eau à celui qui avait soif, et j'ai vêtu celui qui allait nu, j'ai donné une barque au naufragé.

Pour les chrétiens il n'en reste pas moins que le grand défi du vingt-et-unième siècle ne se jouera pas sur le terrain de la philosophie ou de la théologie mais sur celui de l'économie, et c'est là en effet qu'il sera possible de voir si la nouvelle manière d'aimer que l'Évangile a introduit dans les mouvements de l'histoire saura transformer la réalité. À la culture de l'Occident toute repliée sur elle-même, il convient au contraire de rappeler que les seuls experts qui savent vraiment ce qu'est l'économie sont ceux qui en subissent les effets, c'est-à-dire « les damnés de la terre » du Sud du monde.

Une perspective anthropologique

Une fois admis que l'économie nous concerne et que l'enjeu est dramatique, il reste à préciser l'angle sous lequel l'envisager. Un des buts de ce livre est de définir quel type d'homme présuppose le fonctionnement du système économique dominant, dont nous faisons tous partie, y compris celui qui souhaite prendre ses distances avec ce système.

Il est peut-être opportun de rappeler que nous nous trouvons du côté privilégié : un état de fait qui en dit assez long sur la timidité des intellectuels à exercer leur droit de critique face aux méfaits de l'organisation économique actuelle. Il s'agit donc d'adopter une perspective anthropologique qui nous permette d'esquisser le profil de l'homme qui apporte son soutien au système. Nous ne nous lançons pas pour autant dans un pur exercice de curiosité intellectuelle : si nous devions en effet constater que le problème de l'économie n'est pas exclusivement technico-économique, ni purement politique, mais de nature anthropologique, nous pourrions trouver une clé pour commencer à déstructurer et à reconstruire. Nous pourrions dire, paraphrasant l'observation de Heidegger à propos de la science, que le problème de l'économie n'est pas économique mais anthropologique. J'aime citer, à l'appui de ce point de vue, la réflexion de certains théologiens latino-américains de la libération qui ont mis en lumière l'étroite relation existant entre économie et théologie et montré « la triviale *théologisation* du système du marché et du capitalisme dans sa phase actuelle ». Les théologiens du Sud du monde sont aujourd'hui toujours plus convaincus que « le verbe avoir est la mort de Dieu », selon l'expression incisive du poète brésilien Moacyr Félix, et insistent pour démystifier l'idolâtrie sur laquelle ce système est fondé[1]. En d'autres termes, on ne peut faire abstraction de l'anthropologie.

1. Je fais référence aux travaux de Hugo Assmann et Franz Hinkelammert, Juan L. Segundo. En Europe, la contribution de Arendt T. van Leuwen est fondamentale; il est le premier à avoir fondé une chaire de théologie économique dans l'université de Nimègue.

Un profil du système

Il me paraît nécessaire de tracer un profil global du fonctionnement du système économique en trois aperçus, accompagnés de chiffres et de données officielles pour éviter de théoriser dans le vide.

Le premier aperçu est tiré du Rapport annuel de l'ONU sur le développement publié en septembre 1998. Actuellement 841 millions de personnes au monde sont sous-alimentées, un milliard 300 millions n'ont pas encore l'eau potable, un milliard n'ont pas de logement décent, 880 millions n'ont pas accès à un service sanitaire, 2,6 milliards sont privées d'infrastructure hygiénique. Il faudrait retraduire ce langage bureaucratique en vie humaine concrète pour saisir combien ces chiffres sont dramatiques. Qui connaît un peu les pays du Sud sait ce que signifie ne pas avoir d'eau potable, ni service sanitaire ou ne pas posséder un logement convenable. Cela veut dire: être obligé d'errer tous les jours dans la campagne à la recherche d'un point d'eau, et à la saison des moussons passer des nuits debout avec des enfants dans les bras pour qu'ils ne soient pas noyés par les pluies dans les cahutes ou qu'ils meurent d'une simple dysenterie. Quoi qu'il en soit ces chiffres expriment avec brutalité le niveau d'exclusion du système, et rappellent, s'il en était besoin, que ce système fonctionne pour une minorité. Le graphique (page 15) appelé coupe de champagne le montre d'une manière visuelle. Il est divisé en 5 parties qui correspondent chacune à 20 % de la population mondiale : la première possède 82,7 % des ressources mondiales, la deuxième 20 % 11,7 % la troisième 2,3 % la quatrième 1,9 % et la dernière, la plus pauvre, 1,4 %.

Si nous passons de ce profil statistique de l'économie mondiale à un niveau plus dynamique, nous trouvons des données et des chiffres tout aussi impressionnants.

Second aperçu : 76 % du commerce mondial s'effectue dans les pays de la Triade Europe, États-Unis et Japon. 15 % de l'humanité se sont accaparés 85 % de l'énergie, 92 % de l'épargne, et 99 % des dépenses de recherche. Le continent africain, avec ses 650 millions d'habitants, n'existe pas commercialement : parce qu'il représente 2 % seulement des échanges internationaux. Ces chiffres donnent une idée du niveau de concentration des ressources au Nord du monde.

Pour compléter cette brève présentation du fonctionnement du système économique actuel, il est opportun de se pencher sur les données publiées dans l'*Encyclopedia Britannica* 1997 (troisième flash).

Une lecture scrupuleuse permet de voir que l'Amérique Latine vit avec un dixième de la richesse des pays de la Triade, que les populations sub-sahariennes de l'Afrique ont une richesse deux cents fois inférieure à la nôtre, qu'elles vivent en moyenne avec le tiers d'un dollar par jour, qu'en Inde et en Chine les habitants disposent de 1 dollar à 1 dollar 1/2 par jour pour survivre ; on meurt en Afrique en moyenne avant 50 ans.

Cette situation n'a pas pour origine une conjoncture défavorable qui pourrait être modifiée, mais structurelle et qui pour cette raison tend à s'accentuer.

Selon l'ONU, si l'on n'assiste pas à des changements radicaux, en 2025 le rapport entre richesse et pauvreté ne serait plus le rapport actuel 78 % de pauvres/22 % riches, mais 17 % de riches / 83 % de pauvres.

Nous devons admettre que les prévisions optimistes de *Popularum Progressio*, qui avaient envisagé le développement et la paix des peuples pour les dernières décennies du XXe siècle, ont été complètement démenties. Nous ne sommes pas entrés dans une ère de paix, mais dans une ère de

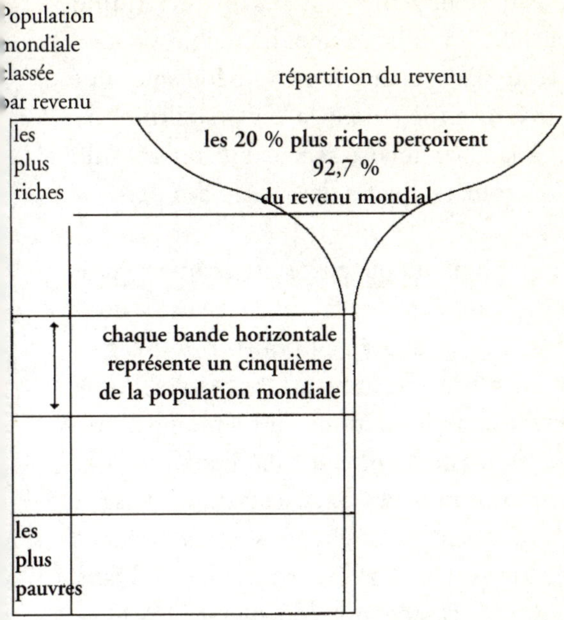

Le dernier cinquième reçoit 1,4 % du revenu mondial total

Le graphique montre la répartition des revenus. Le premier cinquième de la population mondiale reçoit 82,7 % du revenu mondial total, tandis que le dernier cinquième en reçoit seulement 1,4 %. La croissance économique dans le monde n'arrive presque jamais dans les parties basses. Voici, pour ce qui est de la distribution mondiale des revenus, les répartitions constatées :

Population mondiale	*revenu mondial*
le premier cinquième	82,7 %
le deuxième	11,7 %
le troisième	2,3 %
le quatrième	1,9 %
le dernier cinquième	1,4 %

sous-développement croissant déterminé par le triomphe d'une idéologie économique particulière, le néo-libéralisme, qui a investi entièrement le centre culturel de la Triade et rendu acceptable un monde d'où sont exclus les deux-tiers des personnes.

Il ne faudrait pas sous-estimer cette hégémonie culturelle de la pensée néo-libérale, de l'arrivée au pouvoir de Reagan et Thatcher à nos jours. Des chaires d'universités aux fondations, la même musique est parvenue à influencer la mentalité et le sens commun des pays pauvres en faisant pression sur les convictions et les préjugés répandus dans les classes populaires. Dans les pays occidentaux, l'idéologie néo-libérale a contaminé largement les mouvements d'oppositions au système dominant jusqu'à enlever tout sens aux traditionnelles distinctions droite-gauche, dont les perspectives assez semblables en matière de politique économique se rejoignent désormais.

La métamorphose de l'économie

Notre regard sur le fonctionnement du système serait trop partial et trompeur si nous ne prenions pas en considération les changements advenus dans l'économie mondiale des trente dernières années. Selon les experts, le phénomène décisif est la financiarisation de l'économie, c'est-à-dire le passage de l'économie industrielle à l'économie financière. Les chiffres parlent d'eux-mêmes : à l'heure actuelle, les biens et les services produits en une année dans le monde équivalent aux échanges financiers de quatre jours seulement. L'économie est donc aux mains de grands groupes financiers. Le capital industriel a, selon Susan George, perdu contre le capital financier. Par conséquent, seuls ont un poids les groupes à la fois industriels et financiers.

Naturellement, le pouvoir politique suit le même chemin ; il se concentre dans un cercle restreint d'individus qui, par leurs décisions, peuvent décréter la vie et la mort de pays, ce qui fait peser une hypothèque formidable sur le fonctionnement de la démocratie à l'époque présente, qui risque de la vider de l'intérieur.

Le second changement de l'économie contemporaine est l'absence de relation entre croissance économique et plein emploi. On produit aujourd'hui bien plus qu'auparavant. Durant les cinquante dernières années, la production mondiale a été multipliée par douze mais l'augmentation de la productivité mondiale n'entraîne pas un accroissement de l'emploi. Au contraire, le nombre des chômeurs augmente : 20 millions au sein de l'Union européenne, 35 millions dans les pays industrialisés, et plus d'un milliard dans les pays du Sud. Au bout du compte, il apparaît que travailler devient un luxe, au mépris de toutes les constitutions qui parlent du droit au travail. En fait, seulement un milliard de personnes travaille, une sur six, les autres ne travaillent pas.

Ce miracle à l'envers – la productivité augmente, mais l'emploi diminue – est le fruit pervers de la stratégie néo-libérale, que R. Andrea Rivas synthétise ainsi : « Nous augmentons la production en augmentant la productivité par employé et nous diminuons l'emploi ». Ainsi, l'emploi ne suit pas la croissance économique et, en outre, ceux qui travaillent gagnent de moins en moins. Ici aussi les chiffres parlent d'eux-mêmes : en Italie, il y a dix ans,

« le revenu du travail représentait 53 % du revenu national pour seulement 47 % maintenant et ce pourcentage continue à baisser ».

Il ne s'agit pas d'un phénomène exclusivement italien : dans le monde entier les inégalités augmentent ainsi que la concentration des ressources et des pouvoirs entre les mains d'un petit nombre.

> Les travailleurs, où qu'ils se trouvent, sont de plus en plus productifs, mais finalement pénalisés dans leurs efforts, la globalisation les met en concurrence dans une guerre internationale compétitive, dans laquelle, pour citer Hobbes « chaque homme est l'ennemi de son semblable ». Les avantages sont au contraire pour les managers et les actionnaires, ceux qui détiennent les connaissances et le capital[1].

Le troisième grand changement constaté dans l'économie mondiale des dernières décennies est l'élargissement du fossé Nord-Sud. Vingt années ont suffi pour détruire l'illusion du rapport Brandt, qui soutenait que la reprise économique du Nord entraînerait automatiquement celle du Sud. Nous constatons aujourd'hui que ce processus ne s'est pas réalisé à cause de la globalisation.

---

1. Susan George, *Le Rapport Lugano*, Fayard, 2000.

Avec la globalisation, le cercle vertueux du capitalisme s'arrête: le capitalisme de notre époque représente la « fin du développement », la restriction des marchés et de la société de consommation, « la croissance sans création d'emploi ». Son modèle de développement devient d'une manière affichée et impudente celle de l'apartheid[2].

Comme l'explique R. Andrea Rivas, il suffit de jeter un coup d'œil sur le prix des matières premières qui constituaient 56 % des recettes du tiers-monde pour s'en rendre compte: toutes proportions gardées, elles valaient en 1990 moins qu'en 1914; à partir de 1994 les prix ont commencé à grimper, « mais cela ne veut pas dire que les populations du Sud vivent mieux, parce que les licences pour l'exportation ont augmenté et que cette augmentation profite aux financiers et pas aux producteurs ».

En effet, par le biais des fonds d'investissement, on collecte des masses énormes de capitaux qui permettent de s'emparer des matières premières, qui sont ensuite revendues quand les prix montent, offrant ainsi à ceux qui disposent des capitaux de réaliser des gains considérables. Voilà un

---

2. Bruno Amoroso, *l'apartheid globale,* Edizioni Lavoro 1999.

moyen efficace pour soustraire les ressources aux producteurs du Sud. Il serait édifiant bien sûr d'évoquer la politique de l'Union européenne et de ces « prétendues aides » envers certains pays africains. Rien n'a été trouvé de mieux que mettre sur le marché des denrées européennes à un coût très bas pour faire chuter les prix des produits et stopper la production locale. Une fois ce résultat obtenu, l'Union européenne a relevé les prix, une opération digne des meilleures traditions de l'usure.

La réalité de la dette extérieure est suffisamment connue par l'opinion publique pour qu'il ne soit pas nécessaire de s'y arrêter davantage. Je veux seulement signaler le constat de Susan George, qui a étudié le phénomène avec soin après avoir examiné les neuf premières années du traitement de la dette, et qui note que les citoyens européens ou américains ont reçu des pays du Sud plus de mille dollars par tête pour le paiement des intérêts de la dette extérieure.

Selon l'auteur américain c'est une espèce de « guerre invisible » du Nord riche contre le Sud pauvre, qui possède tous les avantages de la guerre traditionnelle sans en avoir les inconvénients. Difficile de lui donner tort : avec le trucage de la dette extérieure, les pays pauvres, n'ayant pas de capitaux pour payer, finissent par cumuler un passif d'intérêts astronomiques mobilisant l'essentiel de leurs ressources non pour payer la dette – ce qui représenterait déjà quelque chose –, mais simplement les intérêts. Avec une ironie amère, le prix Nobel de la paix Perez d'Esquivel ne parle pas de *deuta externa* (dette extérieure) mais de *dette eterna* (dette éternelle). Éternelle parce que la politique d'« ajustement structurel » imposée aux pays pauvres par le FMI et par la Banque Mondiale plutôt que de résoudre ces problèmes, finit par les aggraver.

Le quatrième évènement qui a changé la structure de l'économie au niveau mondial, c'est la révolution informatique. Aujourd'hui, tous les secteurs de production et des services sont informatisés, mais l'informatique demande une recherche continue et des capitaux importants. Le Sud ne possède pas ces capitaux, c'est pourquoi l'évolution informatique ne fait qu'élargir le fossé avec le Nord, laissant les clefs du pouvoir économique fermement aux mains des pays de la Triade.

Le fonctionnement global du système que nous avons décrit présente une curieuse (et tragique) particularité : plus la productivité croit, plus grandit la pauvreté au niveau global ; plus se développe l'expansion économique, plus augmente la destruction de la nature ; plus s'étend le marché, et donc les possibilités d'échange et d'aide réciproque, plus se développe le déséquilibre social.

On peut raisonnablement dire que nous nous trouvons face à un cercle vicieux. Comment se fait-il que développement, productivité et marché, qui sont des facteurs positifs et devraient favoriser la vie, se transforment en facteurs négatifs ? Répondre qu'il y a un dessein politique d'accaparer les ressources aux dépens du Sud est certainement vrai, mais ce n'est probablement pas l'explication la plus profonde parce qu'elle ne prend pas en compte le profil de l'homme qui apporte son soutien à cette structuration politique. Notre recherche va en revanche dans cette direction.

La fonction fondamentale

Je présente ici une série de thèses qui éclairent immédiatement le parcours que je vais suivre. Commençons donc par les énumérer. Dans notre société, la structure économique occupe une place indue, celle « d'une fonction fondamentale ». Je tire ce terme des analyses du philosophe français Maurice Bellet, lequel fait remarquer que l'homme ne se tient pas debout simplement parce qu'il est né biologiquement; l'humanité de l'homme est toujours maintenue par une fonction essentielle qui empêche l'être humain de sombrer dans la destruction, dans l'angoisse infinie et dans la violence.

> La fonction fondamentale [...] fait en sorte que les êtres humains aient une orientation dans la vie, qu'ils sachent où aller, qu'ils aient leur place, une sécurité fondamentale dans l'existence, qu'il y ait des interdits, des lois, des limites, en bref qu'ils soient libérés des terreurs et des fureurs primitives qui étaient, à bon droit, la grande crainte des anciens[1].

Les modernes ont moins peur, mais ne sont pas vaccinés pour autant. Un ami phi-

1. Maurice Bellet. *L'économie dans l'impasse*, dans *Il delirio dell'economia* (collectif).

losophe me le rappela lors d'une visite de groupe à Marzabotto lorsque, devant les ruines de la petite église di Monte Sole où en 1944 les nazis assassinèrent plus de cent civils désarmés, il s'exclama: « nous ne devons pas exorciser trop vite cette violence parce que, tous, nous l'avons en nous ».

Un regard désenchanté et réaliste sur la condition humaine nous rappelle que nous portons en nous un potentiel de violence prêt à éclater; néanmoins, quelque chose qui régit notre humanité nous empêche de tomber dans la destruction et dans le puits sans fond de la folie. Cette fonction fondamentale doit être remplie d'une manière ou d'une autre pour qu'il y ait vie humaine. Dans les sociétés anciennes et dans celles qui échappent encore à la modernité, il incombe au sacré de jouer ce rôle. Quand les occidentaux vont dans les pays pauvres et découvrent les terribles conditions socio-économiques dans lesquelles les populations sont obligées de vivre, ils se demandent souvent comment elles peuvent conserver leur humanité. En fait, cette humanité subsiste grâce à la fonction exercée par le sacré, qui leur permet de vérifier que la vie a encore un sens, et, d'une certaine façon, une sorte de beauté. Au Moyen-âge, en Occident, Dieu jouait le rôle de la fonction fondamentale ; il n'y avait dès lors aucune discussion, c'était vrai comme la lumière qui illumine chaque matin. Ce n'est probablement pas un hasard si la racine sanscrite du mot Dieu, *dyau*, fait référence à la lumière ; sans cette lumière essentielle, l'humanité de l'homme disparaîtrait.

Ensuite, à l'époque des Lumières, ce sont les idéologies qui ont rempli cette fonction. On parle aujourd'hui souvent ingénument « de fin des idéologies » comme si nous avions laissé ce passé derrière nous, et avec autant d'ingénuité on oublie que ce sont les idéologies qui ont maintenu ce qu'il y avait d'humain chez les gens. Il suffirait de revoir *L'Aveu*, le magistral film de Costa Gavras sur les procès staliniens dans la Tchécoslovaquie de 1949, pour saisir, à travers les vicissitudes des protagonistes, comment la fidélité à l'idéologie est plus précieuse que la vie même. À notre époque, le rôle de maintien de l'humanité de l'homme est dévolu à la machinerie économique. Si le grand complexe économico-technologique qui soutient nos vies se dissolvait par enchantement, l'humanité de l'homme occidental se déliterait. Nous cesserions de nous comporter comme des êtres humains et nous plongerions dans une folie délirante, parce que telle est pour nous la réalité. On vérifie là un phénomène qui mérite d'être souligné. C'est comme si l'économie se dédoublait : d'une part, l'économie que nous connaissons, la production de biens et de services, la répartition optimale des ressources et ce que l'on enseigne dans les cours d'économie ; de l'autre, l'économie comme fonction fondamentale qui assure l'humanité de l'homme. Ainsi, le fonctionnement du système économique finit par assumer un rôle mythique et par devenir invisible. Visible en tant que grande machinerie économique, mais invisible dans sa fonction de support de l'humanité de l'homme[2].

---

2. Maurice Bellet. *La seconde humanité,* Desclée de Brouwer, 1993.

L'économie comme mythe

C'est ainsi que l'économie s'est identifiée à la réalité : il n'existe rien en dehors d'elle. Quand j'affirme qu'elle exerce un rôle mythique, je veux dire que le fonctionnement du système est devenu un mythe au sens propre. Il ne faudrait pas, comme il arrive souvent, confondre le mythe avec le récit mythique, ou avec une époque dépassée de l'humanité. Le mythe, c'est ce à quoi nous croyons sans en être conscient, cette espèce de creuset qui définit pour nous les limites de la réalité.

C'est dans cette perspective que nous situons les choses et que nous pouvons les connaître. L'homme fait toujours une lecture de la réalité à travers un mythe. En d'autres termes, le mythe est comme la lumière : il permet de voir mais devient lui-même invisible. Quand l'économie s'identifie avec cet ultime horizon, il n'est plus visible. C'est ce qui arrive aujourd'hui au système dominant : on ne le voit plus (en tant que mythe naturellement, parce que sous ses autres aspects il n'est que trop visible). À travers le processus que je viens de décrire, l'économie est devenu le mythe fondateur de notre réalité occidentale ; il n'y a rien au-delà d'elle, parce qu'en dehors de la réalité il ne peut y avoir autre chose.

Bien sûr ce sont les étrangers, ceux qui viennent d'un horizon culturel différent, qui découvrent le mythe dans lequel nous vivons. Comme l'explique Panikkar, avec une image pertinente, les différentes cultures du monde sont comme ces personnes qui, penchées à la fenêtre de leur salon, peuvent voir l'intérieur de la pièce d'où parle leur interlocuteur, de l'autre côté de la rue, mais pas le leur, puisqu'il est dans leur dos. Notre mythe nous est toujours caché, ce sont ceux qui vivent dans un horizon différent qui nous le révèlent. Je veux, à ce propos, rappeler la belle lettre qu'un chef indien écrivit au président des États-Unis au XIXe siècle : « On ne peut vendre la terre. Comment peut-on penser à vendre la terre qui est notre mère ? » Voilà la réaction typique de celui qui vit dans un mythe différent.

Souvent, à la racine des chocs politiques, on trouve des mythes différents, comme cela s'est avéré évident dans la longue confrontation qui a opposé les Indiens du Chiapas au gouvernement mexicain : organiser une zone de libre-échange entre les États-Unis, le Canada, et le Mexique peut avoir un sens dans l'optique de l'optimisation des profits qui distingue le mythe de l'Occident, mais cela est insensé et violent pour les populations indiennes qui vivent un mythe tout autre, celui du lien cosmique avec la terre.

Pour revenir à notre propos, il convient de donner quelques exemples à propos du rôle mythique assumé par l'économie dans notre société. Il semblerait absurde, ou pour le moins étrange, de devoir produire plus que nécessaire. La raison n'a rien d'économique, mais tient au mythe : on entre dans le domaine du réel et on est reconnu en tant que personne à la seule condition de produire. Encore la nécessité de travailler tant d'heures par jour ne dépend-elle pas seulement de l'obligation de développer la productivité, mais du fait que le travail est l'acte par excellence de participation au réel. Être à l'intérieur du mythe signifie considérer ces faits comme naturels, parce que telle est la réalité et parce qu'on ne peut faire autrement que l'accepter. La force du mythe consiste à définir les frontières du réel.

La conséquence logique du rôle mythique assumé par l'économie est qu'à l'intérieur du mythe il est impossible de mettre en question les règles du jeu, parce que le mythe est le réel et qu'on ne peut sortir de la réalité. Seuls le font les fous à leurs risques et périls. Tant que l'on croit au mythe, il n'y a pas d'issue. Le mythe est indiscutable, parce qu'on y croit au point de considérer qu'il va de soi.

Les économistes néolibéraux, par exemple, pensent que les ajustements structurels constituent la seule politique valable pour les pays du Sud, et quand quelques années après on constate leur échec, leur réaction consiste en gros à affirmer que les mesures n'ont pas été bien appliquées. Plutôt que de les taxer de mauvaise foi, il vaudrait mieux prendre en considération la fonction justificatrice du mythe. La résignation que nous constatons souvent dans le monde occidental face aux faillites du système a les mêmes racines.

Le mythe définit l'horizon de réalité, et pour celui qui croit que tout le réel est renfermé dans un horizon déterminé, il n'y a pas d'autre solution. C'est le syndrome *Tina: There is no alternative.* Je voudrais rappeler que les analyses de Susan George et Fabrizio Sabelli sur la religion séculière de la Banque mondiale s'appuient sur les mêmes présupposés: la Banque ne tire pas sa puissance du fait qu'elle représente une grande institution de crédit, mais de sa capacité à échanger les capitaux économiques avec des capitaux symboliques, et vice versa. Ce grand organisme, que les auteurs appellent ironiquement « la Chose », exerce une fonction mythique et demande à ses utilisateurs la foi. De la même manière Michel Camdessus, qui a dirigé pendant de longues années le FMI, invitait ses fonctionnaires à relire chaque jour les statuts de l'organisation pour raviver la foi dans la validité de leurs actes. En conclusion, quand le système économique dominant assume un rôle mythique, ses effets deviennent funestes.

L'articulation du mythe

Comme le montrent les historiens des religions, chaque mythe s'exprime à travers un récit mythique, que les spécialistes nomment *mythologoumenon,* littéralement le « dit du mythe ».

Si le mythe de l'Occident actuel se trouve dans le fonctionnement du système économique dominant, il est important de se demander comment celui-ci se manifeste, et de considérer son articulation interne. Il faut cependant rappeler que le mythe reste efficient tant qu'on y croit et que le *logos* ne vient pas le dissoudre ; la foi est l'équivalent essentiel du mythe.

Au cœur de l'articulation mythique contemporaine, il y a le désir du consommateur. C'est le ressort qui fait fonctionner le mécanisme économico-productif ; sans désir, il n'y aurait ni production ni profit. D'où la nécessité de toujours stimuler ce désir vivant, et même de le développer par la publicité. Parce que si le désir devait diminuer, ce serait la fin, l'explosion du système.

Ce n'est pas un hasard si la publicité est aussi envahissante et prégnante dans tous les aspects de la vie, face aux protestations des personnes de bon sens, des artistes et des hommes de culture : elle est trop enracinée au cœur du mythe pour être brisée.

À l'intérieur d'un tel mécanisme la personne est réduite à sa seule « envie ». Il me semble que ce mot est plus approprié que « désir », qui indique quelque chose de plus noble, de plus élevé, et qui a déjà une connotation relationnelle.

Une telle envie sépare tout individu de ses semblables, le rend avide parce que dans l'obligation de consommer, et le pousse à la compétition. Une image de mon enfance me vient à l'esprit qui me semble bien décrire la situation humaine dans le règne économique.

Dans le monde agricole de mes premières années, une des tâches des enfants consistait à donner à manger aux poussins. Quand je leur jetai du blé, il y avait toujours un poussin plus malin, plus dégourdi, plus gros, qui s'emparait de la meilleure part et courrait la manger à l'écart.

Voilà le geste qui pour moi est emblématique de la société de compétition ; s'emparer de la meilleure part et se séparer des autres.

Les liens de communauté n'ont plus aucun sens, il n'existe plus qu'un individu potentiellement en guerre contre tous.

C'est la réalisation pratique du *bellum omnium contra omnes* dont Hobbes parlait au XVIIe siècle, époque où le pouvoir des marchands a séparé l'éthique de l'économie et de la politique, et a donné naissance à l'individualisme moderne et à la religion du marché.

Aujourd'hui, le développement de la culture pacifiste nous a rendus plus conscients du lien organique existant entre guerre et processus de modernisation, et il n'est plus scandaleux d'affirmer que l'âme cachée du système économique est bel et bien la guerre. Dans d'autres cultures où les liens de la communauté sont encore vivants, la compétition n'a pas droit de cité. Panikkar raconte l'apologue savoureux des enfants africains invités par des étudiants américains à s'affronter en courant pour gagner des bonbons : ils se sont pris par la main et ont couru tous ensemble vers l'objectif. La rhétorique de la compétitivité, qui est aujourd'hui sur toutes les lèvres, et qui est vénérée comme le Verbe non seulement par les associations d'industriels, mais aussi par les politiques, devrait être critiquée comme un des éléments centraux du mythe de l'économie.

> Il est temps de mettre enfin en évidence – écrit Bruno Amoroso – que les éléments importants d'une culture,

comme la liberté, la démocratie, le travail, la famille, la personne, n'ont de sens qu'au sein de la communauté. L'« individu » absolu n'existe pas : tout le monde naît d'un père, d'une mère, d'une famille et dans un contexte social. Sans communauté, il n'y a pas de liberté mais seulement la concurrence de tous contre tous. On ne peut briser la communauté en la réduisant à une masse de pauvres sans religion, sans famille, sans patrie et sans terre, pour autoriser un groupe de petits malins à continuer à parler de droits de l'homme et de droits civils au cœur des villes de l'apartheid.

La description du système économique que nous avons faite pourrait être suspectée de sectarisme, avec comme objection le fait que la situation contemporaine n'est pas à ce point mauvaise : les besoins humains sont satisfaits, les tragiques famines ont cessé, on ne meurt plus de faim en Occident. En outre, un des aspects du mythe apparaît comme positif : la fin des théories, des idéologies, des débats.

Tout le monde est libre de satisfaire ses besoins et plus personne ne s'égorge pour des idées, qui comptent toujours moins. Le dieu véritable, c'est l'argent qui résout tous les problèmes. Ce n'est pas un hasard si le lieu de la convocation du sacré n'est plus l'église comme dans le passé, mais le *supermarché* où chacun peut assouvir ses envies. Il y a embouteillages et processions sur les routes quand s'ouvrent ces sanctuaires modernes, où se concentre la foi des consommateurs. Le supermarché exerce toujours sa fascination parce qu'il offre des marchandises toujours nouvelles : la société est comme imprégnée d'une fièvre permanente de nouveautés, qui stimule la création de produits inédits.

La mobilité du désir du consommateur entraîne une augmentation de la production ainsi qu'une innovation constante, rendue possible par la sophistication technologique. Aujourd'hui, c'est la technologie elle-même qui crée les nouveaux besoins et qui permet au mythe de fonctionner. Ce cadre apparemment positif ne doit pas nous induire en erreur et masquer les terribles dérives dans lesquelles nous sommes entraînés. Il suffirait d'évoquer, notamment, la misère et la faim au Sud du monde.

Le profil du système que nous avons tracé au début devrait suffire pour mettre en lumière sa profonde cruauté. « Le capitalisme est né sans cœur » affirme le prix nobel de la paix Adolfo Perez d'Esquivel. « Où dormiront les pauvres du XXIe siècle ? »

demande, provocant, Gustavo Gutierrez, fondateur de la théologie de la libération. Mais c'est l'économiste américain Stevenson qui a résumé, dans une expression fulgurante, la condition de 80 % de l'humanité : « la guerre contre la pauvreté est terminée. Les pauvres l'ont perdue ».

Les attentats terroristes du 11 septembre 2001 ont prouvé, d'une terrible manière, que l'on ne peut abuser à l'infini des frustrations et du désespoir des peuples du Sud. Leur colère pourrait exploser et resterait difficilement dans les limites du raisonnable. Et pourtant, au Nord aussi, la situation, sur le plan anthropologique, est loin d'être encourageante. L'homme engendré par ce mythe est une créature superficielle, sans profondeur, comme s'il avait perdu son horizon intérieur, ce que les anciens appelaient l'axe terre-ciel.

Un homme enferré dans des taches très spécialisées, fragmentées, et finalement futiles, toujours plus compétent pour des choses de moins en moins importantes, dispersé et « désespéré dans le fini » aurait dit Kierkegaard dans son langage expressif.

Au fond, un homme seul, victime d'une terrible pauvreté relationnelle, et qui cherche à combler ce vide existentiel dans l'hyperactivité et l'accumulation des objets.

C'est l'industrie de l'évasion et des loisirs qui se charge de rendre moins tragique l'éloignement de soi-même, et qui maintient les êtres humains dans un *divertissement* permanent, ou en les emprisonnant dans un univers virtuel.

Il semble que l'homme occidental contemporain est entré dans une spirale perverse : il possède les moyens techniques pour répartir ses biens, mais il ne parvient pas à le faire ; on découvre que la production est excessive, mais on continue à augmenter les besoins ; tous les indicateurs nous parlent du danger qu'une civilisation myope fait peser sur l'espèce humaine, et finalement on se résigne au monde tel qu'il est.

Les jeunes générations, souvent accusées de ne manifester aucune ardeur pour le changement et d'aller à la dérive dans la drogue, l'alcool et la violence, respirent ce climat de résignation, conséquence du fonctionnement du mythe du système dominant, et en arrivent à être frustrées même de leurs rêves.

Dans l'expérience quotidienne, enfin, on se rend compte que des trois pronoms personnels (je, tu, il) qui constituent la vie bien avant la grammaire, seul le troisième est décliné. Les deux autres sont éliminés dès le départ. Il n'y a pas de place pour le « je », c'est-à-dire pour le monde de l'intériorité et de la spiritualité, ce « je » que les civilisations orientales perçoivent comme le « tu » du grand « Je » dont on ne peut rien dire. Même le « tu » n'a pas droit de cité non plus dans cette civilisation de l'économie, puisqu'il est devenu objet : d'étude, d'analyses, parfois même de soutien, mais toujours objet. L'autre, dont on parle tant, ne surgit presque jamais en tant que sujet d'autocompréhension et source d'initiative.

L'objectivation sévit, provoquant un immense appauvrissement intérieur et un pénible naufrage humain. « Comme nous sommes consumés par cette civilisation de la consommation » s'exclame désolé le sociologue ; « nous sommes le tiers-monde de la spiritualité » répond en écho l'écrivain [1]. Quand les générations futures, dans quelques centaines d'années, écriront l'histoire de notre temps, elles se demanderont pourquoi, au cours du XXe siècle, les hommes étaient aussi aveugles pour ne pas voir l'abîme dans lequel ils étaient en train de se précipiter.

1. Jean Sulivan, *Vérité sauvage.*

L'anthropologie du système

Par souci de clarté il me semble opportun de synthétiser par quelques repères essentiels l'anthropologie qui découle d'une telle description.

Disons tout d'abord que l'homme est caractérisé par un ensemble de besoins. Jusqu'ici rien de particulièrement nouveau dans le panorama de la réflexion sur l'être humain, lequel s'est senti toujours dépendant de ce qui lui était nécessaire. La philosophie occidentale a oscillé entre une considération soulignant l'état de privation caractérisé par le besoin, et une lecture qui, en revanche, met en lumière l'élan vers ce qui le comble. Déjà, Platon dans *le Banquet* parle d'*Éros* comme fils de *Poros* (le besoin) et de *Penía* (la pauvreté), « parce qu'il a la nature de la mère et est marié avec le besoin ».

Dans l'ensemble, la philosophie moderne tend à souligner l'indépendance de l'homme, en tant qu'être rationnel par rapport aux besoins (Kant et Hegel), même si le courant feuerbachien et marxiste est plus porté à souligner la dépendance de l'homme aux besoins matériels.

Dans la pensée contemporaine, nous assistons à une évaluation purement biologique du besoin, comme chez Dewey, mais aussi à des lectures à caractère plus métaphysique, qui le mettent en relation avec la valeur et soulignent son lien avec la transcendance. Il suffit de penser à *l'Action* de Blondel.

Le système dominant implique la conviction – voilà sa caractéristique – que les besoins humains soient satisfaits dans la possession et la consommation.

Il y a donc une méconnaissance de l'ouverture radicale de l'homme, qui est un être non spécifique, donc ouvert, comme le rappelait Gehlen [1]. Les scolastiques médiévaux avaient une manière plus explicite de caractériser une telle ouverture en parlant de *homo capax Dei,* « un homme capable de Dieu ».

Pascal avait lui aussi mis en lumière la tension infinie de la nature humaine, en observant que « l'homme dépasse infiniment l'homme ». Un grand théologien comme Karl Rahner identifie dans tout acte de connaissance, dans tout acte de liberté, la marque de la transcendance humaine, parce que chaque connaissance est fondée sur l'anticipation de l'infini de la réalité, et parce que tout acte de liberté

1. Gehlen, *Der Mench,* Berlin, 1940.

est un retour complet du sujet sur lui-même. « Nous pouvons seulement dire – écrit Rahner – que l'homme existe là où un être vivant doté d'une pensée, d'un langage et du libre arbitre met la totalité du monde et de l'existence en question, même si ensuite il reste égaré et sans réponse devant cette question unique et totale »[2].

Dans le fonctionnement mythique de l'économie que nous décrivons, l'homme est au contraire un être vorace et avide, centré sur des biens dont il doit se gaver, dépourvu de toute ouverture vers l'infini.

La deuxième remarque intéressante concernant l'anthropologie que révèle le système, c'est que chaque besoin de l'homme est « objectivable », quantifiable ; il peut être mathématisé, mesuré, calculé. C'est une approche qui dépend de l'application de la science moderne à tous les domaines de la vie.

La science est caractérisée par l'abstraction, qui ne tient pas compte de la qualité et du caractère concret, et qui réduit toute réalité à une pure formalité mathématique.

Ce chemin mène très loin, vers cette réification universelle qui est la véritable

---

2. Karl Rahner, *Traité fondamental de la foi,* Édition du Centurion, 1983.

idolâtrie contemporaine. « Si on quantifie toute chose et que l'on met une étiquette avec son prix sur toute valeur humaine, *l'humanum* disparaît et on ouvre la voie au monétisable[3] ».

Une fois admis que chaque besoin est quantifiable, tout peut se mesurer et en définitive s'acheter et se vendre, les organes, la sexualité, les personnes, le patrimoine génétique, le patrimoine biologique des forêts tropicales, la santé, l'école, les services, etc.

L'axiome selon lequel toute réalité est monétisable nous entraîne dans un matérialisme atterant; la dimension symbolique se perd, et tout se voit « chosifié »; la chosification généralisée déchaîne une souffrance épouvantable, qui relève de la pathologie et rend la vie véritablement oppressante[4]. Comme si la prostitution, c'est-à-dire le fait de vendre et acheter ce qui ne peut être objet de marché, s'était généralisée, puisque tout est réifiable et réifié. L'application du principe de concurrence et des lois du marché à toutes les activités humaines est conduite

---

3. R Panikkar, *La fine della storia: la triplice struttura della coscienza umana del tempo,* in *Quaderni di psicoterapia infantile 10,* 1984.

4. R Panikkar, *Per una lettura tranculturale del simbolo* in *Quaderni di psicoterapia infantile 5,* 1981.

comme un objectif prioritaire par l'Organisation Mondiale du commerce (OMC) qui, derrière la puissance des multinationales, prétend réglementer la culture, la santé, les services sociaux, l'éducation, la propriété intellectuelle, l'alimentation. Comme dans la fable du roi Midas, pour l'OMC tout se transforme en marchandise, si ce n'est que la métamorphose se voit sanctionnée par des obligations légales. Il est inutile d'ajouter qu'il s'agit d'une jurisprudence qui fait fi des principes inscrits dans le Charte des droits de l'homme.

Enfin, dans le fonctionnement du système économique actuel, les besoins sont en expansion infinie. Le désir des consommateurs, stimulé par la publicité, alimente une folle poussée vers la possession et une véritable frénésie de consommation. L'argent est l'instrument infini de cette envie insatiable. On constate une espèce de fuite en avant, comme si tout le système explosait à la façon d'un grand big bang et entraînait derrière lui, malgré elles, les personnes. L'application de la technologie à toute activité humaine accélère les rythmes de l'existence et laisse l'homme à court de temps.

Le grand bidule technologique retire aux hommes la durée réelle et impose le temps abstrait de la physique et de l'horloge. L'ouverture radicale que nous avons évoquée, et qui aurait dû rester un espace vide, se voit encombrée d'une infinité d'objets. C'est un processus qui commence déjà dans la prime enfance, quand les enfants sont submergés de jouets, qui se prolonge dans l'adolescence et à l'âge adulte, lorsque les innombrables découvertes technologiques finissent par arracher continûment les personnes à leur propre profondeur. Inutile de préciser que la solitude des êtres humains est proportionnelle à la quantité d'objets avec laquelle ils espèrent combler leur vide intérieur.

D'un point de vue anthropologique, il me semble aussi très significatif de souligner l'intime corrélation existant entre l'expansion infinie des besoins et le mythe du progrès que prône la société occidentale. L'expansion est toujours envisagée positivement et jugée inexorable, sans tenir compte des limites de l'homme et de celles de la planète.

Panikkar a sans doute raison quand il soutient qu'au fond nous avons affaire à une idée théologique folle, l'infini de Dieu devenu l'infini de la matière, et en arrive à suspecter une corrélation entre la croissance et le cancer; la prolifération quantitative, « le plus » contre « le meilleur » au sens qualitatif[5].

L'analyse de cet auteur va encore plus loin, lorsqu'il soutient que le progrès et le développement sont intrinsèquement liés à la conscience historique et subissent le contre coup de la crise actuelle.

« L'homme fait l'histoire, et à son tour l'histoire le défait », comme l'affirmait amèrement Cioran[6]. Pour Panikkar l'espérance consiste dans la mise à jour d'une conscience transhistorique fondée en dernière analyse sur une intuition mystique[7]. Nous pouvons synthétiser les acquis de notre analyse anthropologique en disant que l'homme, dans l'optique du système, est un individu séparé, isolé, sans liens. L'individualisme est l'âme de la modernité, fondé sur la dissolution de tout lien social et la méconnaissance de l'espace symbolique collectif qui rassemble les personnes.

Paradoxalement, relève Pietro Barcellona, les grandes expériences totalitaires du XXe siècle sont aussi le fruit de l'individualisme extrême qui imprègne la modernité.

---

5. R Panikkar, *La fine della storia: la triplice struttura della coscienza umana del tempo,* in *Quaderni di psicoterapia infantile 10,* 1984.

6. E. M. Cioran, *Écartèlement,* Gallimard, 1979.

7. R. Panikkar, *op cit.*

Quand l'espace symbolique se délite, comme c'est le cas de nos jours, la politique n'a plus de sens parce que la société se résume à un agglomérat atomisé d'individus.

Il faut être conscient du fait que l'optique individualiste est le produit des cinq derniers siècles de culture occidentale et que toutes les autres civilisations humaines ne sont pas fondées sur la même thèse. Pour la culture hindoue, par exemple, la personne, selon la métaphore des *upanishads*, est un nœud de relations tissé d'une multitude de fils.

Si on en vient à couper les fils, on détruit aussi le nœud. Il existe, en somme, une auto-conscience humaine qui naît d'une expérience de la totalité et refuse de réduire l'homme à un moi séparé, en compétition avec tous les autres, sans interdit et sans règles, préoccupé seulement par la satisfaction de ses envies. La faillite d'une semblable anthropologie, abstraite et restrictive, est perçue par tous et pourrait être décrite, à la manière de Bellet, par trois adjectifs applicables à l'homme contemporain : opprimé, déprimé et réprimé[8].

8. Maurice Bellet, *La seconde humanité*, *op. cit.*

A/ Nous nous trouvons avant tout devant un homme *opprimé* parce que le désir humain le plus profond, celui qui s'exprime par l'ouverture radicale, n'est pas reconnu. L'homme qui n'a pas été capable d'ouverture infinie s'est transformé en un être à l'espace intérieur sans cesse occupé et asphyxié par l'accumulation des choses. Il faudrait se demander si le profond malaise existentiel qui afflige la jeunesse contemporaine n'a pas pour origine une semblable fermeture. Des phénomènes destructifs comme la diffusion de la drogue semblent une réaction désespérée et suicidaire à la médiocrité et la grisaille de la société de consommation. Le bagage transmis à la jeune génération est trop léger pour résister au choc de la vie : tout s'est transmis, sauf l'essentiel.

Paradoxalement, les sociétés pauvres du Sud ont un sens de la vie plus positif, malgré des conditions socio-économiques défavorables, parce que dans cet environnement l'ouverture radicale de l'homme est encore possible.

B/ L'homme engendré par le système économique actuel est par nature *déprimé*. Aussi bien dans les manifestations intimes que dans les rapports sociologiques émerge une fatigue qui présente tous les symptômes de la dépression. Cela ne tient pas à la fatigue physique mais à une insatisfaction. Les gens s'épuisent à force de courir et ne supportent pas cette continuelle fuite en avant imposée par le système. *Anagke stenai* disaient les anciens Grecs, il faut s'arrêter, non seulement dans les démonstrations philosophiques, mais aussi du point de vue anthropologique.

La conséquence est aussi simple qu'évidente : un homme épuisé est aussi un homme résigné, qui ne croit pas possible de vivre dans des perspectives différentes de celles dans lesquelles il s'est lui-même paralysé et piégé.

> Quand on affirme la nécessité de changer les paramètres constitutifs de la société contemporaine, les Occidentaux se sentent désorientés et deviennent plus fatalistes que les Orientaux [9].

L'étude d'autres cultures et la connaissance concrète des autres modes de vie montrent combien ces attitudes existentielles sont liées à la société de consommation et au système économique qui les produit. Voilà les impressions que garde Panikkar de son séjour de six mois parmi la population des Naga au nord-est de l'Inde, où la nour-

---

9. R. Panikkar, *Economisma e senso della vita*, collectif, *Come sopravivere allo sviluppo*, *op. cit.* pp 20-21.

riture est sacrée et ne peut-être commercialisée.

Durant mon séjour j'ai découvert que dans toute la région il existe seulement deux hôpitaux; les médecins et les infirmiers de ces deux structures m'ont confié qu'il n'existe aucune forme de maladie psychique, aucune forme de dépression. Les gens meurent pour d'autres raisons, mais ils ne sont pas hantés par cette subtile angoisse qui habite les populations occidentales. Bref, une culture qui partant de prémisses anthropologiques différentes des nôtres engendre une économie d'un type complètement différent du capitalisme, qui est né en Europe il y a seulement trois siècles, d'une anthropologie individualiste [10].

C/L'homme occidental contemporain apparaît comme *réprimé* (cet aspect n'est pas lié à la sexualité) dans la mesure où ce qui fonde son humanité est complètement banni. Le fonctionnement de l'économie est à ce point identifié avec la réalité qu'il empêche la perception de tout ce qui dépasse les limites du système.

La véritable réalité de l'être humain est réprimée et confisquée, parce que l'espace de la fonction fondamentale qui maintient l'humanité de l'homme se voit assujetti par

---

10. R. Panikkar, *ibidem.*

le fonctionnement de la mégamachine-économique. Une dimension importante de la réalité est dès lors refoulée. On refoule la réalité et on la refoule en silence. Là est la différence entre l'idéologie économique dominante et les régimes d'oppression que l'humanité a connus au long de son histoire millénaire. La répression ouverte entraîne lutte et révolte, exalte les martyrs et les témoins ; la répression silencieuse est une espèce de douce et agréable euthanasie de la conscience et vise à la normalisation planétaire.

Je voudrais conclure cette analyse anthropologique en soulignant que le fonctionnement de l'économie actuelle apparaît comme un *credo*. En effet, le système repose sur un mythe, et au mythe on répond par la foi. Le jour où vous commencez à avoir des doutes signifie qu'il ne s'agit plus pour vous d'un mythe, et qu'à vos yeux il s'est effondré.

L'homme contemporain est au cœur d'un fonctionnement mythique auquel il adhère avec foi. On dit et écrit avec légèreté que le système actuel est le meilleur depuis dix mille ans, sans en percevoir les tragiques dérives. Ou bien, on répète avec une candeur qui relève de la foi que le système s'autorégule et que les effets pervers se corrigeront automatiquement. La confiance dans la vertu prodigieuse du marché libre n'a d'égale que celle qui, en d'autres temps, était réservée à Dieu.

« Cette heureuse élite d'Américains, [...] incroyablement convaincue, plus par foi que par intérêt personnel, que tout obstacle au libre-échange doit être repoussé, ne se limite pas à approuver la globalisation. Elle la théorise comme unique idéologie commune, comme s'il s'agissait d'une religion », écrit Luttwak.

Un autre aspect mérite une mise au point critique, souligné particulièrement par Bellet dans son texte *La seconde humanité*: le fonctionnement de l'économie contemporaine revêt toutes les caractéristiques du *délire*. Les personnes délirent quand elles prennent leurs hallucinations pour la réalité. C'est par là que se réalise et se définit le délire, parce que le fonctionnement du système se substitue à ce qui maintient l'homme et tend à construire l'être humain non d'après l'écoute de sa réalité profonde, mais sur les bases de ses propres postulats[11].

Nous avons conféré au système économique une importance indue qui nous a conduits à l'échec et à une épouvantable

11. Maurice Bellet, *Il delirio dell'economia*, Collectif, l'altrapagina, Città di Castello 1995.

crise de civilisation. Paradoxalement, mieux fonctionne le système, plus s'aggrave le délire, car celui qui dispense la vie humaine est également celui qui la tue. Il me semble opportun de rappeler à cet égard qu'en psychologie la perversion consiste à véhiculer la mort sous le couvert d'un vocabulaire qui exalte la vie. Dans l'analyse clinique par exemple, on voit parfois la figure d'un dieu pervers, tout amour, grâce, miséricorde, mais qui, en réalité, enferme les personnes dans l'insoluble et l'impossibilité à vivre [12]. De la même façon, dans la sphère de l'économie, le progrès, la croissance et le développement se mettent à fonctionner négativement et font de l'homme un esclave.

La perversion provoque une inversion radicale des signifiés. Il y a une dizaine d'années, par exemple, le chômage était considéré comme une honte sociale et tout le monde estimait qu'il fallait le vaincre. Actuellement, le néo-libéralisme soutient qu'un certain niveau de chômage est indispensable pour ne pas perturber l'harmonie des modèles économiques et pour pouvoir réaliser des profits. C'est si vrai que, quand le chômage diminue, les

---

12. Maurice Bellet, *Le dieu pervers*, DDB, 1978.

banques perdent des points. « Wall Street célèbre la montée du chômage » annonçait, il y a quelques années, un journal brésilien. La plus grande préoccupation des managers des grandes entreprises est de considérer les projets qui permettront de licencier le plus de gens possible. Faisant réaliser le même travail par un nombre plus réduit de personnes, on augmente les profits et les dividendes des actionnaires, en même temps que le désespoir et l'inégalité sociale.

Les effets de la perversion sont toujours monstrueux. Surtout revêtus de rationalité comme c'est le cas ici. Pour sortir du délire, un choc est nécessaire, comme celui que s'est infligée la sociologue américaine Barbara Ehrenreich, enseignante à l'université de Berkeley qui, durant deux années, a accepté de quitter sa chaire pour mener la vie de millions de travailleurs américains pauvres. Elle a ainsi découvert que le bien-être de la société américaine repose sur une armée de *working poors*, sous-payés, obéissants, non syndiqués, qui négligent leurs enfants pour qu'on prenne soin des enfants des autres, logés sans confort pour que les maisons des autres soient propres. Ils se privent de tout pour que l'inflation reste basse, et les profits des entreprises élevés. Les *working poors* sont les philanthropes de notre temps, nos donateurs anonymes, nos bienfaiteurs sans visage [13]. Les expériences de ce type ont une grande valeur parce qu'elles démontrent qu'on peut quitter le mythe dominant et élaborer une vision nouvelle de l'existence. À condition de se remettre en chemin : notre regard dépend de ce que nous sommes et de ce que nous vivons.

Au niveau collectif, le choc le plus terrible pour le système dominant a été le 11 septembre 2001, mais les réponses à cette provocation meurtrière ont emprunté les voies coutumières de la logique militaire : guerre, bombardements, répression armée. Il n'y a pas eu la moindre tentative d'analyse concertée de la situation internationale ; on ne s'est pas sérieusement demandé à quel point ces terroristes sont le fruit de l'avidité et de la cupidité du système économique occidental, de sa souveraine indifférence aux conditions insoutenables de certains peuples tourmentés. Dans l'ardeur à détruire les réseaux du terrorisme, on ne s'est même pas préoccupé de construire un cadre juridique international susceptible de cerner et réprimer le phéno-

---

13. F. Rampini. « La sociologue qui se fit pauvre », *La Repubblica*, 5 juin 2001.

mène inédit des organisations terroristes qui défient les pouvoirs des États. La hâte est toujours mauvaise conseillère et pousse à agir sur les symptômes, et non sur le mal ; il n'est pas surprenant que le terrorisme ait été fortifié par cette réponse militaire et par la facilité d'accès aux progrès de la technologie informatique et génétique nécessaire à ses objectifs.

La perspective

Les diagnostics sont toujours intéressants d'un point de vue culturel, mais ils peuvent s'avérer stériles pour toute fin pratique s'ils n'offrent pas de nouvelle voie pour changer la réalité. J'ai à l'esprit les auteurs latins de la fin de l'empire qui avaient observé avec acuité la situation socio-politique de leur temps sans élaborer le moindre projet concret de transformation. En fin de compte, le problème qui nous inquiète et nous interroge, c'est comment sortir de la spirale du système pour ne pas suffoquer. Cette opération, pour ne pas être une fuite dans l'imaginaire, doit s'articuler sur deux moments essentiels : une phase de déconstruction, celle que les scolastiques nommaient *pars destruens*, et une phase de proposition, la *pars construens*.

Dévoiler le mythe

Il faut rappeler tout d'abord que le système économique dominant n'est pas une création des dieux, mais une élaboration des hommes et, comme tel, peut être déconstruit : il est nécessaire d'entreprendre un important travail de déligitimation et de déconstruction révélant ses fondements. Nous avons déjà montré que le mythe disparaît quand il est soumis à la lumière du *logos*.

Le discours fondamental du néo-libéralisme économique, qui parcourt tous les plis de la civilisation occidentale, peut être démonté par un travail culturel qui est à la portée de tous, sans attendre des réalisations politiques particulières ou s'en remettre à des analyses sophistiquées.

Il s'agit plutôt d'un travail de déminage linguistique face à quelques saisies conceptuelles dont se sert la rhétorique dominante pour maintenir debout le mythe.

En relisant l'histoire de l'économie, on s'aperçoit, par exemple, qu'au dix-huitième siècle, sous l'impulsion des philosophes utilitaristes, intérêt privé et amour du prochain ont fait l'objet d'une tentative de conciliation. Dit banalement, le plus utile à la société, celui qui réalisait l'invitation évangélique à l'amour du prochain, c'était celui qui s'occupait de ses affaires[1]. Transformer « ces vices privés en vertu publique », la main de la Divine Providence y avait pensé[2]. Ainsi, l'égoïsme devenait la meilleure forme d'amour du prochain, « ne pas donner » le principe suprême de l'éthique et de l'Évangile qui, radicalement mal interprété, lui faisait dire le contraire. On a là un travestissement qui continue d'exercer ses effets pervers encore maintenant, à travers la conviction, plutôt répandue, qu'il n'est possible de ne pratiquer la solidarité envers les pauvres que grâce à la croissance économique; il faut bien sûr faire le gâteau avant de le partager!

L'accroissement de l'efficacité économique ne peut avoir lieu qu'à travers la libre concurrence du marché; la solidarité – voilà le paradoxe – se réalise donc seulement grâce au manque de solidarité. Un tel contresens réclame une réaction détermi-

1. « Comme le monde physique est régi par les lois du mouvement, l'univers moral est lui régi par les lois de l'intérêt » (Helvetius). « Mais ce que nous appelons mal dans ce monde [...] c'est le grand principe qui fait des créatures sociales, la base solide, la vie et le soutien de tous les commerces et les emplois sans exception », Mandeville.

2. G. B. Vico. *La Science nouvelle*, Fayard, 2001.

née qui est à la portée de chacun. Il suffit « de devenir hérétique à la théologie du système », comme l'écrit Petrella avec une heureuse intuition [3]. Un autre exemple de confiscation conceptuelle est le concept de liberté, compris comme l'intérêt privé de ceux qui peuvent produire et sont déjà dans le marché. Encore aujourd'hui dans de nombreux milieux, l'équation liberté = liberté du marché est un axiome qui va de soi. Qui a oublié l'hymne jubilatoire adressé au libre marché après la chute du mur de Berlin, quand la liberté politique était totalement identifiée à la liberté du marché ?

Cette rhétorique s'est constituée à travers un long processus culturel qui a débuté avec l'identification du bien de la société et de l'intérêt privé, et a apposé le concept de liberté sur tout ce qui contribuait à le développer ; liberté d'entreprendre, libre concurrence, marché libre.

Il n'est pas question de nier que l'initiative économique contribue à la valorisation de l'être humain, ou d'exprimer une nostalgie pour l'économie étatisée, mais seulement de mettre en lumière le glisse-

---

3. R Petrella, *La teologia del mercato,* collectif *Economia come ideologia,* l'altrapagina, Città di Castello, 1999.

ment de sens du concept de liberté, qui justifie la nature bénéfique pour tous, à travers l'intérêt, d'un nombre limité de propriétaires.

Les pièges du langage sont moins innocents qu'il n'y paraît, et celui qui sait comment s'approprier les valeurs symboliques de la langue a entre les mains un pouvoir considérable. Démasquer ces appropriations indues me semble un devoir culturel de premier ordre.

Un autre point nodal du mythe dominant est le postulat de naturalité des règles du marché, conçues comme de véritables lois scientifiques de l'économie, basées sur le dogme de l'intérêt individuel (*self interest*) ainsi que sur la sacralité et l'intangibilité de la propriété privée. Dans une telle perspective, la plus grande bêtise consiste à intervenir sur les mécanismes naturels en essayant d'introduire objectifs et projets sociaux.

Les économistes néolibéraux, Hayek en tête, considèrent cette intervention comme un authentique sacrilège, parce qu'il altère les « valeurs irremplaçables » qui se sont construites de façon spontanée et objective. La conséquence en est évidente :

> [...] Il n'y a aucun critère positif ou négatif qui permet de définir ou mettre à

l'épreuve ce qu'on appelle « la justice sociale » qui est une des phrases les plus creuses qui soient [...] Et si justice sociale veut dire conserver le contrôle de la distribution des revenus, avec une finalité quelconque, on détruira complètement le « mécanisme ordonnateur » qui nous permet de produire autant que nous produisons[4].

Le processus qui aboutit à considérer le marché comme « naturel » découle, depuis deux siècles, d'un courant significatif de la pensée économique qui débouche sur la consécration de l'existant et l'impossibilité d'envisager un changement quelconque. Les malheureux sont laissés à leur destin, parce qu'on ne peut s'opposer à la rationalité économique, devenue une sorte de Divine Providence immanente au système. Nous sommes amenés ainsi à démasquer un autre élément important du paradigme économique dominant : son aspect sacrificiel, l'axiome des victimes nécessaires. Devant l'horrible misère de millions de gens qu'a engendrée la première révolution industrielle, les économistes classiques ont débattu pendant quarante ans de ce qu'il fallait faire pour les pauvres. Aujourd'hui, la conclusion nous sem-

---

4. Hayek, *in* Hugo Asmann et F. J. Hinkelammert, *Idolatrie du marché*, Le Cerf, 1993.

ble terrible, mais découlant en droite ligne du mythe du marché « naturel » : on ne peut s'occuper des pauvres, qui doivent être confiés aux mécanismes du marché qui se chargera d'éliminer les superflus. Rien de scandaleux dans tout cela : les lois du marché sont celles de la nature, et donc de Dieu. Une fois intériorisé ce paradigme du sacrifice, on en arrive à être complètement indifférent à la souffrance de millions de victimes immolées sur l'autel du marché libre, pour mieux afficher un mépris ostensible, comme l'atteste cette perle de Thomas Carlyle : « Si les pauvres sont rendus misérables, leur nombre diminue. Le secret est connu de tous les chasseurs de rats. Une méthode encore plus rapide préconise l'arsenic ». Abstraction faite de semblables excès, la réflexion de Hugo Asmann, théologien latino-américain, semble pertinente.

> Le capitalisme est vraiment une « culture ». Les chrétiens devraient beaucoup y réfléchir. Il ne s'agit pas de simples questions économiques. Le besoin de détruire s'est immiscé dans la conscience et dans les formes de communication de la culture[5].

La pensée selon laquelle l'aveuglement devant la souffrance des pauvres est lié à la

5. H. Asmann et F J Hinkelammert, *op. cit.*

naissance de la société industrielle est une pieuse illusion. La nature sacrificielle du système nous aveugle, aujourd'hui encore, avec la même inconscience. Les fonctionnaires du FMI et de la Banque Mondiale prêchent aux pays pauvres qu'il faut faire des sacrifices aujourd'hui dans la perspective de lendemains meilleurs. Un lendemain qui, comme Godot, n'arrive jamais. Dans le même temps, les enfants meurent faute de médicaments ; les conditions de vie sont insupportables, assistances et services sociaux se voient réduits d'une manière drastique pour respecter les soi-disant « ajustements structurels ». Mais comme nous sommes confrontés à un mythe, nous en concluons, face à toutes les crises provoquées par le marché, que les règles du marché n'ont pas été bien appliquées. Et nous voilà repartis pour un tour. Cet esprit sacrificiel a une conséquence déconcertante : ce sont souvent les pauvres eux-mêmes, poussés par le désir d'imiter ceux qui ont réussi et qui vivent dans l'abondance, qui sont prêts à sacrifier d'autres pauvres.

Un truisme significatif du support mythique à déconstruire, c'est la soit disant « théorie subjective de la valeur ». La valeur de la marchandise ne dépend pas du temps de travail humain investi, comme le soutenait Marx en son temps – et Adam Smith avant lui –, mais du désir de l'acheteur. La théorie annule complètement le travail, réduit l'homme à un simple consommateur, et s'intéresse exclusivement à la formation des prix sur le marché. Il s'agit d'une révolution copernicienne qui met le capital au cœur du système et fait disparaître l'homme producteur.

À partir de là, l'attention de l'économie s'oriente vers le macro mécanisme susceptible de stabiliser le prix de la marchandise et satisfaire ainsi le désir de l'acheteur. Le marché devient cette entité mythique, incontrôlable, qui établit d'elle-même le critère de la rationalité et de la bonté éthique. C'est ainsi que se met en branle ce que Polanyi a nommé *La grande transformation*[6]: pour la première fois dans l'histoire de l'humanité, le rôle d'organisation de la société est confié au marché. Avant la modernité, il n'était jamais arrivé que les hommes renoncent à leur pouvoir et à leur responsabilité au profit d'un mécanisme aveugle, en s'en remettant à lui avec la conviction qu'il fera correctement les choses au nom de l'intérêt général. L'aveugle-

---

6. Karl Polanyi, *La grande transformation*, Gallimard, 1983.

ment des néolibéraux actuels devant les effets destructeurs de la globalisation, envers la vie humaine et envers la planète, ne vient pas d'une absence de sens moral mais du fait qu'ils sont emprisonnés dans une idéologie qui masque les effets dévastateurs de la structure économique dominante. La dissimulation de ces effets économiques va de pair avec celle de ces présupposés et autorise le jugement sévère de Enrique Dussel.

> Les économistes travaillent aujourd'hui à la destruction de l'humanité et de la terre en toute irresponsabilité, en se fondant sur une science qui non seulement ne connaît pas la réalité, mais l'occulte. Pour cette raison, nous avons besoin d'une déconstruction de tous les concepts économiques et d'une reconstruction critique. Cette opération est très importante dans la période actuelle, où l'économie se présente comme la science, en se fondant sur des présupposés qui ne sont pas mathématiques, mais anthropologiques et historiques. Les modèles mathématiques dont fait étalage la pensée économique contemporaine sont simplement le résultat de présupposés irréfléchis.

Mais l'œuvre de déconstruction souhaitée par le philosophe latino-américain serait inenvisageable si déjà ne se profilait, même en germe et à peine esquissée, une nouvelle vision de la vie qui permet de prendre des distances avec la réalité existante.

Une nouvelle vision de la vie

Je voudrais souligner cet aspect parce que le risque de toute attitude critique est de rester trop lié à ce qu'elle conteste, au point de faire marche arrière et d'avoir un effet stérile. Si l'économie constitue un délire et occupe une place qui ne lui revient pas, comme nous l'avons montré dans le chapitre précédent, le premier pas positif consiste à reconnaître la véritable puissance qu'octroie la vie. Il faut prendre conscience de cette lumière qui soutient « l'humanité » de l'homme, et se manifeste dans les relations d'amour entre les êtres humains. Sans cette lumière, l'homme sombrerait dans la cruauté, la tristesse, l'angoisse infinie. La pensée, la parole, l'action vivent grâce à cette lumière, tant il est vrai que la pensée pourrait être habitée par la mort, la parole par la haine, et l'action devenir folie destructrice. Seulement, si l'homme habite cette clarté primordiale, il peut s'aimer d'amour, le visage de l'autre lui apparaître comme un don, la voix comme parole humaine, le corps comme l'amour[1]. Il me semble que l'intuition chrétienne des ori-

1. Maurice Bellet *La quatrième hypothèse*, DDB, 2001.

gines va dans ce sens quand elle proclame avec Paul que « l'amour n'aura pas de fin », ou avec Jean que « qui aime est né de Dieu et connaît Dieu, parce que Dieu est amour ». Le lieu de l'inaccessible – pourrait-on dire dans le jargon contemporain – est la relation humaine. Sans oublier cependant que la relation d'amour est une conquête fragile, toujours menacée par la cruauté qui avilit autrui, par la tristesse qui tue la vie, par la perversion qui apporte la mort en utilisant le langage de la vie. L'œuvre première et la plus radicale ne réside pas dans l'interrogation philosophique de présupposés, mais dans la tendresse profonde qui est capable d'engendrer l'homme.

Que peut vouloir dire une semblable perspective dans le contexte économique actuel ? Entreprendre avant tout un travail à long terme qui remplace les fondements de la culture dominante déjà pointés : les postulats selon lesquels tout est « monétisable », qu'il faut travailler pour s'enrichir, se battre pour vaincre, selon lesquels l'expansion est un flux incontrôlable. Il faut en revanche travailler, par la culture et la spiritualité, à faire apparaître un homme d'un nouveau genre qui reconnaisse d'autres valeurs et se fonde sur d'autres axiomes.

Privilégier la relation signifie soustraire au marché tout ce qui n'est pas marchandise, en faisant le chemin inverse du système dominant. À la marchandisation universelle, qui veut que tout se vende et s'achète, y compris l'homme, son corps, son patrimoine génétique, ses relations, on opposera avec force que les réalités humaines fondamentales, comme l'amour, l'amitié, la foi, la sagesse ne sont pas monétisables. Ainsi réintroduit-on la gratuité comme composante essentielle de la vie humaine. Sur le plan culturel, tout cela signifie résister à l'inexorable propension du système à réifier des secteurs jusque-là étrangers à l'empire de l'argent, tels la santé, l'éducation, et les systèmes d'assistance. « Si le marché essaie chaque jour de convertir n'importe quoi en marchandises – écrit le dirigeant espagnol German Ancochea – essayons, quant à nous, chaque jour, de reconvertir en simples choses ce qui aujourd'hui relève des marchandises. » Voilà un beau programme culturel qui va au-delà d'une attitude individualiste.

Sans céder à des propositions misérabilistes, il faudrait remettre en question le dogme économiciste: l'idée qu'il faut travailler pour devenir plus riche et gagner plus d'argent. Si le but de l'activité humaine c'est l'enrichissement, il n'existe aucun moyen d'échapper à la spirale du système qui transforme tout en marchandises à échanger sur le marché.

Peut-être faut-il abandonner cette religion du travail entendu comme production destinée à gagner de l'argent, avoir sa place dans la société et trouver son identité. L'activité humaine, même quand elle s'exerce dans des taches très modestes, s'éloigne absolument de la production et n'a pas pour seul but de fabriquer des objets pour les vendre, mais aussi de développer chez l'homme sa part d'humanité. À celui qui pense qu'il s'agit d'un propos abstrait ou d'une fuite en avant, il faudrait rétorquer que la pire abstraction, c'est celle de l'argent et de tout le système financier qui lui est associé, véritable « opium du peuple » de l'époque contemporaine.

La culture dominante a encouragé la compétitivité en réduisant la vie humaine à une lutte de tous contre tous où seuls les plus forts ont le droit de survivre. Ce darwinisme social, qui introduit la guerre au cœur de la société, doit être remplacé par le principe selon lequel chacun a le droit d'exister, quelle que soit sa condition. Une telle affirmation, qui était d'une évidence incontestée jusqu'il y a une dizaine d'années, est aujourd'hui systématiquement démolie par les adeptes de la culture du vainqueur et par le culte du succès, selon une optique qui prend ses racines dans le calvinisme américain pour lequel les pauvres sont soit des vagabonds, soit des imbéciles, donc entièrement responsables de leur condition.

Le long chemin vers la reconnaissance de la pleine dignité de tout être humain et, par conséquent, vers une substantielle égalité sociale et politique, qui a été impulsé en Occident par la pratique d'inspiration chrétienne, semble subir un coup d'arrêt à une époque où l'on théorise la survie des plus adaptés, et où deux tiers de l'humanité sont exclus des bienfaits du système. Comme si se réalisait le terrible aphorisme de Nietzsche : « Périssent les faibles et les défavorisés, premier principe de notre amour pour les hommes ».

En définitive, la compétitivité économique a phagocyté tous les autres aspects de la vie. Ne reste plus qu'à remplacer cette fausse évidence par l'axiome de la solidarité, qui affirme la nécessité de construire la société sur des liens de mutuelle acceptation, parce qu'aucun homme n'est une île ou une monade repliée sur elle-même. D'autre part, à toute prétention aristocratique selon laquelle la société doit être dirigée par les plus riches au nom de leur habileté, on doit opposer la pratique de la responsabilité collective caractéristique de la démocratie.

Pour poursuivre le travail de substitution des principes de base du système dominant, ceux du dogme de l'expansion continue, qui semble l'unique forme de stabilité autorisée par le système, il est nécessaire de mettre en avant le respect des biens communs de l'humanité. L'air, l'eau, la terre ne peuvent être considérés comme des ressources à coût zéro ; on ne peut accepter que la nature soit ainsi saccagée impunément pour être reconstruite selon les lois du marché. C'est une mauvaise plaisanterie que d'accepter cette offre de nature artificielle que nous proposent les grands industriels : eau synthétique, air en bouteille, organismes génétiquement modifiés, organes obtenus par clonage. Sans parler de la piraterie génétique des multinationales qui vont rechercher dans les régions tropicales des plantes aux propriétés curatives ou nutritives, en substituent quelques gènes et s'en arrogent la propriété intellectuelle[2].

---

2. N'oublions pas que toute la contestation de L'OMC porte sur ce point. Cf. S. George, *Remettre l'OMC à sa place*, Mille et une nuits, 2001.

La réalité, c'est que l'on préfère dévaster la terre plutôt que remettre le système économique en question. Le chapitre de la pollution en est la démonstration la plus évidente : on sait qu'on pollue et qu'on produit des catastrophes, mais il est impossible de faire marche arrière. L'unique expédient auquel on a recours, c'est de faire payer aux pauvres le coût de la pollution produite par les industries du Nord, en exportant cette pollution. Un économiste du calibre de Larry Summers en est arrivé à même le théoriser : « Je crois que les raisons économiques de déverser quantité de déchets toxiques dans les pays aux salaires les plus bas sont parfaitement logiques et que nous devrions regarder la réalité en face[3] ».

Certaines industries américaines sont évidemment passées de la théorie à la pratique en délocalisant leurs unités les plus polluantes en Amérique du Sud. Il ne fait aucun doute que les fondements théoriques de cette exploitation sauvage de la nature prennent leurs inspirations dans l'œuvre des pères fondateurs de la science moderne et dans leur vision d'un homme « patron et propriétaire de la nature ». Sur

---

3. Susan George, Fabrizio Sabadelli, *Credita senza frontiera, op. cit.*

le long terme, la réduction de la nature à pure quantité et l'usage quasi exclusif d'une rationalité instrumentale nous ont conduits dans l'impasse actuelle. Il serait cependant illusoire de penser, comme on le fait souvent dans notre contexte culturel, qu'avec le progrès technologique nous pourrions résoudre les problèmes ainsi créés (par la même technologie). Voilà l'alibi le plus élégant pour ne pas changer notre approche de la nature et continuer dans notre recherche obsessionnelle du profit.

Nous avons, jusqu'à présent, décrit un travail culturel de longue haleine nécessaire au remplacement des fondements du système dominant par un tout autre ensemble de valeurs dont la force serait plus grande. Il faut cependant se demander comment ces axiomes pervers possèdent toujours une telle attraction au point de permettre au système de durer, malgré toutes les prophéties sur son krach inévitable (on pense au discours marxien sur les contradictions internes du capitalisme et sur son déclin inexorable). Il faut sans doute prendre en compte le fait que les points fondamentaux (du système) disent quelque chose de positif sur l'homme ; autrement, ils n'auraient aucune prise sur nos contemporains ; mais en même temps, ils réduisent, dépriment et pervertissent la positivité même qu'ils expriment. Il est important d'examiner cela en détail.

a) *L'argent.* Il représente le véritable dieu du système ; dans son aspect positif il marque la libération du besoin. Il ne faut pas sousestimer, dans notre ardeur à critiquer le système économique dominant, l'inhumanité de la pénurie. Il faut lire l'histoire avec attention, ou aller dans les pays du Sud pour en avoir confirmation. « *Seigneur délivre-nous de la peste, de la faim et de la guerre* » priaient nos ancêtres au Moyen-âge. Il ne s'agit donc pas d'idéaliser la société de pénurie, ni de s'absorber dans un songe régressif ; mais d'être convaincu du fait que, si l'argent devient la clé de voûte de l'ordre mondial et le but ultime, il ne nous libérera pas. Il est même le grand fétiche qui détruit l'homme concret.

Nul besoin de l'analyse marxienne, l'expérience quotidienne suffit pour en prendre conscience. De cette façon, la fonction positive de l'argent est pervertie, et l'argent devient le grand instrument de marchandisation universelle.

b) *Le marché.* Pour le système dominant, le marché constitue le mécanisme mythique, incontrôlable et insondable, qui assure le fonctionnement de la société. Dans son essence, cependant, le marché montre la possibilité et la nécessité de communiquer et d'échanger des biens entre êtres humains, aspect sans nul doute positif. L'échange obéit à une égalité fondamentale et doit être avantageux pour les deux partenaires. Et pourtant, si on permet au marché de valoriser chaque aspect de la vie, et si on lui laisse la charge de tout réguler, le mécanisme se pervertit pour devenir un sinistre instrument de mort. La majeure partie de l'humanité est exclue des bienfaits du marché, qui contredit ainsi sa nature de lien entre les hommes, et devient le facteur premier d'une prostitution généralisée. « Si rien n'arrêtait ce mouvement-là – observe Maurice Bellet – on irait vers une humanité compulsive-prostituée, dont l'univers de la drogue donne une préfiguration sinistre[4]. »

c) *la croissance.* Comme nous l'avons vu, la croissance est un des mots d'ordre du système : toujours plus de biens, toujours plus de plaisir, toujours plus d'argent. Là aussi, nous assistons toutefois à une croissance dont la signification est essentiellement quantitative, jusqu'à l'identifier avec la production d'objets qui, dans une accu-

4. Maurice Bellet, *Le Sauvage indigné*, DDB, 1998.

mulation forcenée et inutile, infecte l'homme et la création. Reste dans l'ombre l'aspect le plus profond de la croissance, qui est l'extension du désir humain aux activités liées à la création comme l'art, la connaissance, l'amour, où il ne s'agit pas de faire mais d'inventer. Voilà la croissance qui devrait être encouragée, en la soustrayant au quantitatif et au marché qui, bien évidemment, la corrompent.

d) *La compétitivité*: La clé de voûte de la rhétorique dominante, c'est la compétitivité. Pour celle-ci, nos observations sont aussi valables ; tandis que les tenants du système l'envisagent comme la pure et simple transposition de la guerre, avec ses perdants et ses morts, elle pourrait, dans une optique toute différente, être envisagée comme la course commune pour échapper aux dangers qui nous menacent. Les problèmes écologiques et le risque nucléaire nous poussent à aller ensemble dans la même voie, ce qui est le sens étymologique du mot *cum petere*. « Notre compétition, comment coopérer », dirait Bruno Amoroso[5]. Cette nouvelle finalité ne ferait pas disparaître magiquement l'agressivité et la force qui se manifestent dans la compétiti-

---

5. B Amoroso, *Progresso a colpi di cannone,* collectif *Deriva e destino dell'Europa, op. cit.*

vité, mais les canaliserait au contraire dans une direction constructive. Il est bon de souligner, comme le fait à juste titre Bellet, que la compétitivité a une tonalité masculine très marquée, et que sa transformation l'infléchit vers la procréation et la création, versants typiquement féminins[6].

6. Maurice Bellet. *op. cit.*

La grande transformation

Nous avons parlé de la nécessité de remplacer les principes qui gouvernent la société actuelle par un tout autre ensemble d'axiomes qui découlent d'une vision différente de la vie.

Le développement de notre analyse nous a amenés à constater que le système pervertit et fausse les aspects positifs de ses propres fondamentaux. Argent, marché, croissance et compétitivité poussés à leur paroxysme ne disent pas ce que le système dominant les force à dire. Il s'agit moins de les remplacer que de les transformer. En dernière analyse, il s'agit de libérer le désir des hommes de ce qui le réduit à une envie compulsive, et de lui donner des ailes pour qu'il s'élève bien plus haut. « La transformation du désir, c'est donc de reconnaître l'infini du désir comme ce qui conteste à fond le faux infini de la consommation toujours croissante[1]. »

Ainsi ouvre-t-on l'espace à une plus profonde expérience du Mystère qui veut dépasser l'idolâtrie du profit et la marchandisation de la vie. On fait de nouveau l'expérience que l'homme est l'être de la trans-

1. Maurice Bellet, *op. cit.*

cendance, face à un horizon infini ; qu'il y a en nous et dans toute réalité un fond, un abîme que nous ne parvenons pas à saisir, que les différentes cultures qualifient de présence ou d'absence selon leur registre linguistique. Dans leur jargon, les philosophes l'ont nommé « expérience de la contingence » : on touche à ses propres limites jusqu'à ce que la conscience s'ouvre à un « plus », à un « au-delà » auquel l'être humain peut en toute confiance se remettre[2]. Dans l'espace encombré par l'entassement des choses, l'homme contemporain lui-même peut percevoir cette ouverture infinie où s'entraperçoit une réalité que Saint Augustin définissait ainsi : « *interior intimo meo, summus summo meo* », et que les Upanishad définissaient comme « plus petite que le cœur de la graine de mil, plus grande que la terre et les montagnes ».

Le travail de libération du désir modifie les repères du système dominant. La croissance n'est plus la course effrénée pour produire plus jusqu'à épuisement de la nature et de l'homme, mais l'extension du désir vers le qualitatif. L'humanité ne peut que s'épanouir à travers les activités typiquement humaines que sont l'amour, la

2. R. Panikkar, *L'Expérience de Dieu*, Albin Michel.

contemplation, l'art, la connaissance, en chaque homme et dans tous les hommes. Il n'y a pas de limites à cette croissance parce que, comme l'annonce le titre flamand d'un beau livre de Antoon Vergote [3], la maison n'est jamais terminée. L'homme n'en finit pas de transformer son bagage d'agressivité et de violence en force de relation. La compétition peut alors aussi changer de sens : se battre pour plus d'humanité, non pour avoir plus de biens, rivaliser en luttant contre ce qui déshumanise. Ce qui s'exprime dans la réalisation individuelle, de même que la force qui se manifeste dans la compétition, ne devrait pas être exorcisé, mais seulement dirigé vers l'œuvre commune, la défense de l'humanité.

Il est significatif qu'aujourd'hui certains économistes commencent à invoquer le dépassement du concept de concurrence et à parler plutôt de coopération et de co-développemment.

> Il est nécessaire de reformuler les concepts : cessons de coopérer pour entrer en concurrence, parce que ça n'a pas de sens de s'associer pour tromper les autres. Commençons en revanche, à rivaliser dans la coopération, disputons les formules et

---

3. *Libérer Dieu, Libérer l'homme.*

les meilleures idées pour coopérer. Retrouvons-nous vraiment entre nous et avec les Tunisiens pour trouver les meilleures solutions aux problèmes de la pêche, au lieu de nous regrouper en cherchant le meilleur moyen pour les berner et nous détruire réciproquement [4].

La proposition des « anneaux de solidarité » destinée à solliciter la collaboration économique entre les pays de l'aire euroméditerranéenne offre un exemple concret de transformation de la compétition en coopération. Le co-développemment, selon Amoroso, est rendu nécessaire quand la coopération entre les aires déséquilibrées transforme le rapport en dépendance permanente.

> Le co-développemment signifie, au contraire, reconnaissance de la diversité des points de départ mais aussi transparence des rapports, qui tendent à rejoindre un équilibre. Le co-développement, c'est aussi la recherche de la synergie nécessaire pour réaliser un échange équitable, retirant aux marchés la possibilité de fixer les règles du jeu : les institutions comme l'OMC, le FMI ont été créées pour fixer des règles et les imposer aux autres.

La transformation du désir, que nous appelons de nos vœux, amorce une relec-

4. B. Amoroso, *op, cit.*

ture plus profonde du marché et des échanges. Donner et recevoir sont les expressions du rythme même de la vie : dans le don l'homme reconnaît sa véritable puissance, et accueillant librement le don il grandit dans sa propre humanité. Se libérer du fétichisme de l'argent signifie reconnaître que le don n'est pas l'opposé du marché. Il s'agit de sa vérité cachée[5].

Dans une optique différente, l'argent non plus ne serait pas diabolisé ; il s'agit d'un mode de communication humaine qui s'ouvre sur de nouvelles possibilités. S'il reste marqué par l'altérité, il perd ce caractère de mal infini qu'il a adopté dans le système de l'économie dominante et qui entraîne l'économie actuelle vers le délire. Au lieu de « déshonorer l'argent » comme le souhaitait le maoïsme, ou de l'abolir tout à fait comme dans l'utopie sanguinaire de Pol-Pot, il faudrait lui rendre son sens authentique de lien entre les hommes : il s'agirait de la façon la plus sûre de le libérer de l'omnipotence destructrice que lui a conférée la folie du système.

La grande transformation consiste en substance en un travail culturel sur le long terme qui vise à la mutation de l'homme et

---

5. Maurice Bellet *op, cit.*

de la société et lui demande comme première condition un changement d'optique. « Le regard est tout » disent les peintres. Un changement aussi radical commence dans la tête, dans les sentiments, dans l'écoute primitive de la réalité. C'est l'avènement d'un nouveau type d'homme qui ne se résigne pas à accepter la mort que porte la vie et travaille infatigablement à bâtir l'humanité de l'homme. Nous pourrions dire que le grand défi actuel consiste à récupérer le réel dans l'intégralité de ses dimensions, la dimension divine de transcendance et de liberté, celle, humaine, des liens, celle, cosmique, d'appartenance à la terre [6]. Sans la dimension du Mystère, ce n'est qu'asphyxie et désespoir [7] ; tisser des rapports seulement fonctionnels signifie perdre le sens de la vie ; négliger les rapports avec le cosmos signifie devenir violent et mécanique. Il est indispensable que l'homme contemporain se « recentre » pour ne pas oublier la profondeur du réel, et qu'il retrouve cette attitude de contemplation qui lui apprend à vivre dans le présent, où tout est donné, qu'il guérisse de la recherche exaspérée du futur. La frénésie

6. C'est le sens de l'institution cosmoteandrique de Panikkar.

7. S. Kierkegaard, *La maladie mortelle.*

moderne d'avoir toujours plus, de grimper toujours plus haut, d'arriver toujours avant les autres nous fait perdre la richesse du présent. La maladie de programmer, de contrôler, de se fixer des objectifs et de les suivre, typique de notre culture, nous rend esclaves d'un finalisme excessif qui altère la disposition à être réceptif et s'ouvrir à la réalité. Tout a un but, le sens de la gratuité se dissout.

L'appauvrissement intérieur qui s'ensuit stimule la recherche de la grandeur et du succès qu'encourage à l'excès le jeu médiatique. Il ne faut pas, en outre, oublier que la vie actuelle est de plus en plus basée sur l'usage des instruments, et que ce fait entraîne un certain changement anthropologique : on s'habitue à adopter avec les gens une logique instrumentale. Le résultat final, c'est donc l'amplification de la solitude et l'augmentation exponentielle de la violence. Inutile d'insister : le quotidien nous le montre. Et nous rappelle combien il est important de cultiver le rapport aux autres ainsi que l'art de la convivialité.

Il faudrait faire l'apologie des gestes les plus simples et banals pour en retrouver toute la profondeur. Dans la société de consommation, manger n'est plus ce sacrement primordial qui nous met en relation avec la vie du cosmos, dans la fraternité humaine, mais seulement une expression d'avidité et de solitude. Comme si nous absorbions simplement la nourriture, sans aucune relation à l'autre.

Les enfants de Mc Donald's sont en train de perdre conscience du fait que la nourriture est don des autres, de Dieu comme l'énonce certaine culture, et réduisent l'acte de manger à un pur geste de survie.

Il suffit d'observer comment mangent les jeunes générations pour noter l'agressivité et la violence qu'ils projettent sur la nourriture. Il n'est pas surprenant que boulimie et anorexie soient devenues des maladies de notre époque.

Marcher est un art toujours plus inconnu, sauf s'il s'agit d'un geste athlétique et compétitif. Nous nous déplaçons en voiture, mais faisons rarement l'expérience d'aller à notre propre rythme, d'être d'un lieu, parmi les choses, de prendre le temps de les voir et de les goûter, avec des personnes qu'on a le temps de rencontrer.

Parler aussi, malgré les apparences, est un verbe qu'on décline moins. On ne parle pas, on échange des informations. Il est symptomatique qu'on communique de plus en plus avec des outils plutôt que de vive voix, comme si le visage de l'autre était insoutenable. Parler est toujours une invocation : cela suppose un tu, une relation, un silence, une écoute. Trop d'éléments pour une époque où « le temps c'est de l'argent ».

Même respirer devient compliqué dans le contexte que nous avons décrit. C'est un geste qui laisse transparaître l'angoisse, l'anxiété constante de s'adapter à la vie à des rythmes non naturels. Ce n'est pas un hasard si dans la culture de l'Orient tout commence par l'art d'apprendre à respirer. On ne peut accéder à une conscience tant qu'on reste tributaire de préoccupations qui entament notre calme intérieur. Le même constat vaut pour un mot essentiel, reposer, que notre époque semble à tout prix effacer de son vocabulaire comme synonyme d'oisiveté et d'inactivité. Se libérer de la manie d'être tout, de tout avoir, reconnaître ses propres limites et accepter l'inactivité du repos, c'est au contraire le début de la sagesse. L'activité essentielle et féconde naît seulement du silence, le reste est vanité.

Conjuguer d'une manière pleinement humaine ces verbes du quotidien me semble être une attitude profondément innovante et à la portée de tous. Chacun peut être acteur d'un changement radical qui commence par des gestes sur lesquels on a effectivement du pouvoir, sans attendre que se dessinent à l'horizon les sujets historiques qui incarnent l'avenir, ou des conjonctures politiques favorables. L'investissement excessif sur le plan politique de la « Grande transformation » a peut-être entraîné tant de gens dans l'inconfort et l'impuissance face aux situations du monde actuel.

Arrivés à ce stade, nous devons nous poser la question suivante : est-il possible d'effectuer un pareil renversement avec les ressources d'une seule culture ? Comme le soutient Panikkar, la situation actuelle est probablement si complexe qu'aucune culture n'est en mesure d'affronter cette question avec ses seuls moyens. Pour en venir à bout, il est nécessaire d'écouter l'autre et se laisser féconder par lui [1].

L'écoute est l'attitude humaine qui permet à l'autre d'être lui-même sans limitation, et à sa vérité de nous rejoindre : même ce que nous ne comprenons pas a le droit d'être écouté. Être dans cette disposition implique que notre modèle civilisationnel n'est pas absolu, et implique aussi la conviction que l'humanité se manifeste de différentes manières.

Dans notre culture domine encore le préjugé évolutionniste selon lequel l'Occident représente le sommet du progrès humain, en raison du développement technico-scientifique, et que les autres sont

1. La fécondation réciproque entre culture et religions est un des thèmes générateurs de la vaste œuvre de Panikkar, comme en témoigne *Le dialogue intrareligieux*, Aubier, 1985.

destinés à suivre le même chemin. Nous ne sommes pas arrivés au point de relativiser notre modèle sans le mépriser.

L'attitude du dialogue interculturel que nous défendons veut aussi que les différentes façons d'être au monde soient perçues comme une richesse et que nous ne soyons ramenés à aucune forme d'unité, à aucune espèce de dénominateur commun. S'il y avait un dénominateur commun à atteindre par une voie logique, nous serions de nouveau autorisés à imposer la domination d'une culture sur les autres. Et, en effet, avec la globalisation nous assistons à la réduction de l'humain à un unique modèle culturel, qui crée la normalisation à l'intérieur de notre monde et déstructure tous les autres.

> Je suis convaincu – explique le philosophe Pietro Barcellona – que le noyau profond de la globalisation n'est pas économique mais spirituel. C'est une espèce d'appropriation de la façon de penser, d'imaginer, de s'autoreprésenter des millions d'êtres humains. Il s'agit d'une immense colonisation de l'imaginaire collectif qui se réalise à travers les objets et les gestes de la vie quotidienne : du mobile à la télévision, du supermarché à l'automobile, du *sweater* que l'on porte à la musique qu'on écoute. C'est un processus dont on n'a pas cons-

cience, parce qu'il rend naturel le monde totalement artificiel où nous sommes plongés.

La participation de tous les pays du monde au grand marché mondial revient à détruire leur système de production et à miner à la base leur culture, en imposant l'histoire fondamentale et le mythe de l'Occident. Le rapport entre agriculture et culture est détruit, qui est un des facteurs d'équilibre de la vie de toute société. Jadis, un Africain qui produisait et mangeait le produit de sa terre n'était pas un pauvre; mais une personne simple, honnête, avec un sens de la vie bien à lui, ses dieux, une éthique équilibrée. Maintenant que la vie traditionnelle est partie en lambeaux en Afrique, il n'a plus de travail, pas d'argent, il n'est rien d'autre qu'un misérable sans aucun concept de dignité, dépourvu du sens de la vie.

Comme le dit judicieusement un proverbe indien, quand une fourmi traîne un éléphant, ce n'est pas l'éléphant qui va vers la fourmi mais la fourmi qui va vers l'éléphant. Notre culture, avec les moyens techniques mis à sa disposition, possède une force de déstructuration à laquelle les autres ne peuvent échapper. Voilà le témoignage d'un intellectuel de

Singapour qui décrit l'impact de la globalisation sur la culture traditionnelle de son pays.

Plus que jamais l'avidité est devenue l'âme de la société, et envahit presque tous les aspects de la vie et de la pensée. Chaque chose a un prix, à tel point que quand l'économie – particulièrement dans les années soixante – fit des avancées gigantesques, on a eu l'impression que les citoyens de Singapour développaient un système de valeur où la qualité et l'importance d'une personne, d'un objet ou d'une activité étaient déterminées exclusivement sur la base de sa réelle ou potentielle valeur monétaire. C'était la valeur du marché (une expression utilisée toujours plus fréquemment) d'une personne, de ses services et de ses biens en dollars et en centimes, la chose la plus importante. Tout ce qui n'était pas réductible à ces termes quantitatifs (par exemple l'amour, le courage, l'honneur, le sacrifice, l'honnêteté, l'altruisme tous avec leur irréductible intégrité qualitative) était ignoré, voire traité avec un léger mépris.

L'art du dialogue entre les cultures pourrait être déterminant pour élever la civilisation occidentale à une nouvelle vision de la vie. Nous pourrions apprendre des cultures de l'Orient qu'il existe autre chose au-delà du niveau mental, qu'ainsi le silence a autant de valeur que le *logos* dans l'existence humaine.

L'exaspération de la volonté, typique de notre mode de vie, céderait la place à une progressive diminution du moi, condition essentielle pour atteindre la profondeur de l'homme. Les cultures du continent africain nous feraient redécouvrir l'importance de la convivialité et de la parole, tandis que les peuples latino-américains pourraient nous apprendre l'amitié avec la terre et les éléments. À ceux que préoccupe le danger du syncrétisme, il faudrait rappeler que les barrières entre les cultures sont tombées, et que la rencontre a lieu. Les grandes cultures du passé, qui aujourd'hui nous semblent quasi monolithiques, sont le fruit de nombreuses rencontres et d'influences réciproques : « Que serait aujourd'hui le christianisme sans le profond syncrétisme issu de ses racines religieuses hébraïques, grecques, romaines, germaniques ? Que serait ce qu'on appelle l'hindouisme sans les nombreux apports des religions du continent indien ? » demande Panikkar. Seule différence substantielle : ce qui, auparavant, se déroulait dans une osmose imperceptible, se réalise aujourd'hui à toute vitesse. Écouter et apprendre des autres est l'unique attitude digne de l'homme parce qu'il cherche à comprendre l'autre de l'intérieur, comme il se comprend lui-même, et n'entreprend pas de l'objectiver comme l'anthropologie scientifique. À une époque comme la nôtre, nous fait remarquer pertinemment un chercheur indien, les limites de l'identité ne devraient pas être définies selon le modèle occidental de l'être, qui détermine des limites rigides, mais selon le modèle oriental du vide, qui souligne particulièrement l'ouverture et l'accueil. Du reste, l'invitation à perdre sa propre vie est au cœur du message évangélique : « Qui veut sauver sa vie la perdra » (Marc 8, 35). L'époque, sans doute, nous empêchant de rester enfermer chacun dans notre boîte, nous invite implicitement à nous ouvrir à l'autre comme partie de nous-même, et à reconnaître que, sans l'autre, nous ne serions pas nous-mêmes. Les cultures et les religions peuvent être interprétées, selon la belle métaphore de Panikkar, comme les couleurs de l'arc-en-ciel qui, toutes ensemble, forment la lumière blanche, soulignant ainsi leur complémentarité plutôt que leurs différences.

Un moment fondamental, dans le cadre du dialogue entre les cultures, devrait être celui de l'art de gérer de manière non violente les conflits. La civilisation occidentale, mais pas seulement elle, est encore prisonnière de l'idée de l'ennemi comme mal absolu et de la nécessité de la victoire pour parvenir à la paix. Quand éclate un conflit, on recourt encore au pouvoir et à l'adoption de contre-mesures qui écrasent l'adversaire, au lieu d'instaurer avec lui un dialogue, fut-il tendu. En vain, l'expérience historique de six mille ans a démontré que la guerre ne résout aucun conflit, ou mieux, prépare le suivant. Il est très difficile de se défaire d'archétypes solidement enracinés dans l'inconscient culturel, probablement en raison de l'inadéquation d'une anthropologie dualiste, dépourvue d'un point transcendant embrassant les positions conflictuelles. Seule la tension vers quelque chose de plus haut, qu'aucune des deux parties ne contrôle, peut faire évoluer positivement les conflits. Sur le plan strictement politique, l'unique expérience contemporaine ayant adopté une telle perspective est celle de la commission sud-africaine pour la justice et la réconciliation, qui invite les oppresseurs à confesser leurs crimes et demander pardon à leurs victimes pour être réintégrés dans la société.

Cependant, le panorama culturel de ce début de millénaire est dominé par le retour de la « guerre juste » et un culte de la violence qui ne promet rien de bon pour le futur de l'humanité, mais qui favorise la dissimulation d'une terrible situation d'inégalité et d'injustice sociale au niveau planétaire.

Une action politique

Le lecteur qui nous a suivis jusque-là pourrait nous objecter que, pour cette œuvre de transformation de la culture dominante, l'action politique n'a pas été mentionnée directement. Il ne s'agit pas d'une bévue, ni d'une omission provoquée par une méfiance de principe. Nous sommes profondément convaincus de la dignité et du rôle essentiel de la politique : dans un monde où 80 % de l'humanité se voit exclu du système politique, la politique n'est pas une option, mais la défense de la simple vie. Elle est le lieu où l'on décide de la survie des populations pauvres. Seule la politique peut nous libérer de la tyrannie des multinationales, qui ont étendu leur rayon d'action dans tous les lieux de vie et risquent de les détruire en raison de la myopie de leur action[1].

J'utilise ce terme avec précaution, étant convaincu que l'action susceptible de transformer le système économique dominant est plus ample et plus diversifiée que celle à laquelle on pense normalement quand on choisit le terme « politique ». La tache consistant à promouvoir l'humanité

1. Susan George, *Le Rapport Lugano, op. cit.*

de l'homme, qui est au cœur de la grande transformation, peut aussi être accomplie sans l'aide de partis, de programmes, de stratégies, d'organisations, qui restent les instruments indispensables à l'action politique. Imaginer le monde d'une manière différente et s'employer à transformer la réalité existante, en partant de son quotidien, est un objectif à la portée de tous, qui ne demande pas de compétences particulières et peut adopter les formes les plus variées. Cela commence là ou l'on exerce un pouvoir effectif. L'action est plurielle, adossée, confiée à une myriade de personnes, de groupes porteurs d'une optique nouvelle et d'une réelle passion pour l'homme, qui créeront patiemment un tissu social divers.

Sans cette fermentation, qui constitue la vraie révolution culturelle, l'action politique finit par réemprunter les mêmes chemins, adopter les mêmes moyens, faire œuvre d'ajustement au lieu de changer réellement le système.

Trop souvent nous sommes amenés à constater que la politique est pure gestion qui ne transforme absolument rien. C'est seulement quand la politique aura repris racine dans une anthropologie plus profonde, et sera fondée sur une vision différente du monde, qu'elle pourra recouvrer son rôle irremplaçable de construction de la vie en commun. Elle pourra alors donner une vision et une orientation complètes à la multitude d'initiatives qui fleuriront dans la société civile, sans toutefois prétendre être l'unique facteur du changement. Le changement d'optique est la condition de l'action politique plus que son résultat, même s'il ne faut pas sous-évaluer la relation réciproque entre théorie et *praxis.* Je voudrais cependant dissiper un malentendu. Quand on parle vision du monde, on pense à un système fermé sur lui-même et à une application à la politique de critères venus d'ailleurs. Une approche semblable nous conduirait immédiatement à la reconstitution de l'idéologie. Ce que je souhaite souligner, au contraire, c'est la nécessité d'une inspiration qui anime la politique de l'intérieur et se rattache directement au sens de la vie. L'inspiration, comme le dit le mot même, est un mouvement toujours ouvert, un souffle à reprendre en permanence et qui n'admet aucune pause.

Tous ceux qui ne se sont pas laissés envoûter par les sirènes de la consommation et ne se sont pas résignés à la gestion des choses existantes se trouvent devant un énorme travail culturel, que Cornelius Castoriadis définit ainsi :

> …ce qui est requis est une nouvelle création imaginaire d'une importance sans pareille dans le passé, une création qui mettrait au centre de la vie humaine d'autres significations que la croissance de la production et de la consommation, qui poserait des objectifs de vie différents pouvant être reconnus par les êtres humains comme valant la peine… Telle est l'immense difficulté à laquelle nous avons à faire face. Nous devrions vouloir une société dans laquelle les valeurs économiques ont cessé d'être centrales (ou uniques), où l'économie est remise à sa place comme simple moyen de la vie humaine et non comme fin ultime, dans laquelle donc on renonce à cette course folle vers une consommation toujours accrue. Cela n'est pas seulement nécessaire pour éviter la destruction définitive de l'environnement terrestre, mais aussi et surtout pour sortir de la misère psychique et morale des humains contemporains[1].

On trouve une intuition semblable chez Keynes, au cours des années trente, dans ses *Perspectives économiques pour nos petits enfants*:

---

1. C. Castoriadis, *La montée de l'insignifiance,* Le Seuil, 1998.

> Quand l'accumulation du capital aura perdu son importance sociale, nous pourrons nous libérer de beaucoup de ces principes pseudo-moraux que nous avons soutenus depuis deux cents ans, et qui nous ont fait exalter quelques-unes des qualités humaines les plus déplaisantes, en les mettant à la place des vertus les plus élevées. [...] Alors nous pourrons dire à nouveau que l'avarice est un vice et que l'amour de l'argent est haïssable.

Cette démolition de l'importance sociale du capital est la condition indispensable pour que la politique retrouve sa vocation originelle : à savoir l'art de construire la vie humaine dans sa dimension de communauté, qui aujourd'hui s'élargit au niveau mondial. Nous avons besoin d'une telle politique comme de l'air qu'on respire, parce que nous sommes la première génération de l'histoire contrainte à se mesurer à l'invention de la démocratie internationale. Le travail de création qui nous attend est si inédit et radical qu'il fait dire au poète Pedo Casaldaliga : « Le monde est si vieux qu'il faudra en faire un autre pour le voir nouveau ».

TABLE DES MATIÈRES

Imprimerie France Quercy - Cahors
N° d'impression : 50213
Dépôt légal : février 2005

Imprimé en France